거버넌스 트렌드 2025

K-기업
거버넌스의
원년

거버넌스 트렌드 2025

천준범 지음

GOVERNANCE TREND

이스터에그

서문

거대한 물결. 버틸 것인가, 준비할 것인가?

K-기업 거버넌스의 원년

2024년은 대한민국 기업 거버넌스의 원년으로 삼을 만하다. 20년 이상 묵은 코리아 디스카운트 문제가 여야를 막론한 정치권 전체의 아젠다가 되었고, '밸류업' 또는 '부스트업'이라고 이름 붙여진 여러 정책이 경쟁을 시작했다. 지금까지 우리 사회에서 이런 문제들에 대한 지적이 없었던 것은 아니다. 하지만 기존의 논의가 사회운동 관점에서 주로 이루어졌다면, 2024년부터는 시장경제와 자본주의 구현이라는 보다 순수한 경제적 관점이 강해졌다는 점이 큰 차이이다.

고질적인 코리아 디스카운트와 열악한 기업 거버넌스 문제는 하루 이틀 지적된 것이 아니다. 20년 전 기사를 지금 읽어도 문제의 양상과 제안되는 해법이 붕어빵처럼 똑같다. 그런데 왜, 2024년에 이렇게 자본시장과 기업 거버넌스에 대한 관심이 커졌을까? 바로 두 가지가 달라졌기 때문이다.

첫 번째 이유는 주식 계좌를 갖고 직접 시장에 참여하는 개인투자자 수의 급증이다. 코로나19 이전 500만 명 수준이었던 개인 투자자의 수는 코로나19로 인한 주가 급등을 타고 1400만 명 이상으로 거의 3배 가까이 늘었다. 그런데 안타깝게도 이렇게 새로 주식에 투자한 많은 사람들은 코스피 지수가 3천을 넘은 이후에 주식을 샀다. 대부분 수익을 내지 못하고 있다는 뜻이다. 아니, 수익을 내지 못하는 정도가 아니라 반토막, 1/3토막 계좌가 수두룩하다. 개인투자자들이 선호하는 친숙한 대형주, IT 관련주의 낙폭이 상대적으로 더 컸기 때문이다. 이렇게 1천만 명 이상의 재산이 달려있는 문제, 이제 자본시장의 문제는 정치권이 절대 무시할 수 없는 기본 아젠다가 되었다.

두 번째는 일본 자본시장의 대성공이다. 4만을 넘나들며 역사상 최고점을 돌파한 니케이 지수는 일본에 결코 질 수 없는 한국인의 감정을 자극했다. 미국 S&P나 나스닥까지는 그래도 우리와 다르다는 정신 승리가 가능했다. 하지만 사람들은 잃어버린 20년과 함께 한물 갔다고 생각했던 일본의 증시마저 파죽지세로 오르는 모습을 보았다. 이것은 한국의 기업 거버넌스 문제 해결에 대한 결정적인 감정적 촉매제가 되었음이 분명하다. 그런 충격에, 부인할 수 없는 정서적 반감에도 불구하고 2024년에는 일본 자본시장 성공 요인을 공부하고 벤치마킹하려는 바람이 강하게 불었다. 이런 바람은 정부의 밸류업 정책에 영향을 주었고, 앞으로도 한국의 기업 거버넌스 발전 방향에 많은 참고가 될 것으로 보인다.

하지만 기업 거버넌스에는 정답이 없다. 하나의 문화이기 때문이다. 아무리 다른 나라의 좋은 제도를 갖고 와도 사람들이 따르지 않으면 소용이 없다. 각 나라마다 걸어온 경제의 역사가 다르고 산업과 문화가 다르기 때문이다. 사실 지금까지 우리나라의 기업 거버넌스가 그랬다. 미국과 유럽의 좋은 제도라고 생각되는 것을 책상 위에서 이식하는 경우가 많았다. 하지만 어른 옷을 입은 아이처럼, 대부분은 아직 준비되지 않은 우리나라의 기업 현실과 법의 괴리만을 크게 만들었을 뿐이다. 우리가 K-팝, K-컬쳐에 이어 K-기업 거버넌스를 스스로 만들어가야 하는 이유다. 2024년, K-기업 거버넌스의 조짐이 보이는 수많은 사건들이 있었다. 한국 경제와 기업에 관심있는 사람이라면 꼭 차분히 돌아보고 머리에 넣어 둬야 할 것들이다.

선진국에 안착하기 위한 진통의 시작

한국은 이제 누구도 부인할 수 없는 선진국이다. 지금까지는 소수의 선각자들이 정답이 있는 문제를 풀고 앞 사람의 등이 보이는 길을 빠르게 따라가면서 성장했다. 하지만 이제 어느새 길을 만들어야 하는 대열의 맨 앞에 오게 되었다. 정답이 있는 문제는 이제 인공지능이 해결하게 될 것이다. 새로운 것을 만들어내고 길을 찾을 수 있는 능력과 역량만이 선진국이 된 한국 경제의 지속 가능성을 보장하게 될 것이다. 새로운 것은 다양성에서 나온다. 확고한 시스템과 집단 지성이 필요하다. 기업에서는 그런 지속 가능성의 핵심이 G, 바로 거버넌스에 있다. 뛰어난 개인들이 모인 기업에서 최고의 의사결정을 할 수 있게 하는 것, 그것이 바람직한 기업의 거버넌스다.

선진국의 영예에 어쩔 수 없이 따라오는 저성장과 저출산은 이제 한국 경제의 운명이다. OECD 평균에 미치지 못하는 2%대 저성장 사회는 한국이 처음으로 겪는 현실이다. 이런 현실이 기업 이익의 분배에 대한 생각도 바꾸고 있다. 나눌 것이 많았던 고성장기에는 누군가가 더 많이 가져가는 것, 불공평이 눈에 띄지 않았다. 하지만 성장의 과실이 적어질 수록 사람들은 공평한 분배를 신경쓰게 될 것이다. 특히 이제, 지금 덜 가져가면 나중에 더 많이 가져갈 거라는 설득은 더 이상 잘 통하지 않는다. 세대와 연령을 불문하고 조직보다는 개인의 삶을 중시하고 미래보다 현재를 중시하는 트렌드가 확고하게 자리 잡았기 때문이다.

기업의 거버넌스, 특히 상장회사의 거버넌스에서도 배당과 자사주 소각 등 주주환원의 문제가 지속적으로 제기되고 있다. 정부의 밸류업 정책에 가장 적극적으로 호응하는 금융지주사들의 움직임이 가장 눈에 띈다. 제조업, 서비스업 등 다른 회사들에 대해서도 단지 주가를 올려야 한다는 의미 그 이상으로 기업 이익의 공평한 분배의 주장이 계속 강해지고 있다. 회사의 이익을 미래를 위해 유보할 것인지, 지금 각 주주들의 삶을 위해 분배할 것인지의 문제는 상장 여부를 불문하고 어떤 회사에서도 있는 논쟁거리다. 미국에도 순이익의 거의 전부를 주주환원에 사용하는 애플과 전혀 배당을 하지 않는 것으로 유명한 버크셔 해서웨이와 같이 다양한 스펙트럼이 있다. 이런 다양성 안에서 생산적인 토론을 통해 독립적인 개인들이 스스로 선택하는 것, 그것이 바로 이상적인 시장의 모습일 것이다.

이러한 주주환원의 물결과 함께 시작되고 있는 것은 바로 ROE와 PBR로 대표되는 '자본 효율성' 경영이다. 같은 돈을 투입했을 때 더 돈을 잘 버는 회사가 되도록 하는 것, 재무 교과서에서는 너무나 당연하다. 하지만 한국 기업의 현실에서는 찾아보기 어려웠던 이 기준이 비로소 주목을 받고 있다. 생각보다 큰 생각과 관점의 변화다. 회사 전체를 하나로 본다면, 다시 말하면 한 명을 위한 회사라면, 자본 효율성은 필요없다. 총 매출이 더 많으면 좋고 총 이익이 더 많이 나면 좋다. 한 명에게 많은 이익이 갈 수 있는 구조만 되면 되기 때문이다. 하지만 수많은 사람들의 공동 이익을 추구하는 회사라면 다르다. 그들에게 골고루 나누어줄 이익, 같은 만 원을 냈을 때 다른 회사보다 더 많이 분배할 수 있는 이익을 내는 회사가 되어야 하기 때문이다. '자본 효율성' 경영이란, 바로 한 명을 위한 회사에서 전체 주주를 위한 회사로의 변화를 의미하는 것이다.

가족 경영의 대안을 찾기 위한 시도

한편 2024년에 본격적으로 터져 나온 또 하나의 큰 흐름이 있었다. 바로 한국 회사들의 대부분을 차지하고 있는 가족 경영 기업 또는 기업집단에서의 분쟁이다. 한국의 대기업들은 대부분 아직 창업자 가족 위주의 의사결정 구조를 갖고 있다. 또 그러한 의사결정 권한을 가족 내의 후손에게 물려주려는 경향이 매우 강하다. 큰 상장회사나 작은 중소기업이나 다르지 않다. 하지만 이런 가족 위주의 경영이나 승계는 2세와 3세로 세대가 진행하면서 커다란 도전에 직면하게 된다. 가족 구성원들이 많아지고 상속, 매각 등 이런 저런 이유로 지분은 쪼개지는데, 많아진 구성원들 사이에서 어떻게 의사결정을 하고 권한을 승계해야 하는지에 대한 아무런 규칙이 없기 때문이다.

어떤 기업은 사업을 쪼개어 나눠주려고 하기도 하고, 어떤 기업은 가족 내부적으로 승계자를 정해서 밀어주기도 한다. 하지만 이런 내부적 질서가 깨지는 경우에는 마치 왕자의 난이나 왕위 계승 전쟁과 같은 일이 벌어진다. 봉건 시대나 왕조 시대에 벌어지는 것과 같은 일이 21세기 한국의 기업에서 벌어지고 있는 것이다. 하지만 중요한 변화의 조짐은 창업 가족의 2세나 3세가 부모 세대와 생각이 다르다는 것에서 나오고 있는 것 같다. 이들은 부모 세대가 일군 사업에 대한 애착이나 흥미가 적은 경우가 많다. 삶의 방식도 다르고, 생각도 다르다. 사업을 한다면 새로운 일을 하고 싶다. 다만 훌륭한 사업의 결과로 남은 부와 영향력은 유지하고 싶은 것이 인지상정이다.

사실 이런 상황은 중대한 기업의 위기다. 기업이 일군 사업과 재산을 더욱 성장시키고 싶은 사람이 최종 의사결정을 하지 않는 상황이기 때문이다. 의사결정의 공백이 생기는 것이다. 지분율의 문제가 아니다. 지배주주가 있더라도 회사 전체의 경영과 성장에 관심이 없다면 똑같이 대리인 문제가 생긴다. 오히려 문제가 수면 아래로 숨기 때문에 문제가 더 커질 수 있다. 게다가 많은 회사에 이런 문제가 있다면 국가 경제의 문제가 된다. 한국이 지금 그런 상황을 맞고 있는 것은 아닐까? 전쟁 이후 정부 주도의 개발 경제 시대에 거의 똑같은 방식으로 성장한 수많은 가족 경영 대기업들이 3세 승계의 시기를 맞고 있다. 일부는 성공적이었지만, 그렇지 않은 곳도 많아 보인다. 가족 경영 방식의 대안은 단지 법을 바꾸는 것으로 만들어지지 않는다. 모범적인 대안을 만들고 오랫동안 시행착오를 거쳐 문화가 되어야 한다. 다행히도 지금 그런 조짐이 있다. 한국 경제에 대한 위기 의식을 바탕으로, 무언가 바뀌어야 한다는 생각들이 모이고 있다.

지속 가능한 기업의 핵심은 거버넌스

선진국에서는 지속 가능성이 중요하다. 성공한 부잣집은 지키는 것이 중요하다는 것과 같은 말이다. 커다란 ESG 바람이 한 번 지나갔다고 생각되지만, 지속 가능성 문제는 한층 진화한 새로운 모습으로 다시 다가오고 있다. 환경 문제는 EU발 공급망 실사라는 현실의 문제로, 사회 문제는 중대재해 처벌법과 같은 형사 문제로 모습을 바꾸어서 돌아왔다. 거버넌스 문제는 자본시장의 일반주주 보호와 상법 개정 이슈가 되어 현재 진행 중이다. 사실 사회적 문제는 상생, 동반성장 또는 이해관계자 주의라는 다양한 이름으로 불리는 거버넌스 문제이기도 하다. 환경 문제 역시 기업의 한정된 자원을 친환경 산업 쪽으로 배분할 것인지에 대한 의사결정 문제가 가장 크다. 즉, 기업의 지속 가능성 문제는 결국 모두 거버넌스로 수렴된다. 자본 효율성은 물론 다양한 직간접적인 이해관계자와 지구적 문제 해결을 기업의 의사결정 구조에 진지하게 넣을 수 있게 될 때, 기업의 지속 가능성 문제는 자연스럽게 해결될 것이다.

2025년, 첫 번째 G 키워드는 '문 앞의 시민들'

2024년, 수많은 사람들이 한미사이언스의 분쟁, 두산그룹의 구조개편이나 고려아연을 둘러싼 공개매수전을 지켜 보았다. 그러면서 책상 위에서만 보던 주주가치나 이해관계자 문제, 이사회의 책임과 같은 무거운 주제들이 현실에서 움직이는 것을 느꼈다. 또한 정부의 밸류업 정책과 금융투자소득세 논란을 통해 주식시장의 문제가 정치의 문제로, 권력의 문제로 커지는 것을 보았다. 2024년에 과연 어떤 일이 있었길래 그토록 큰 변화가 있었다고 하는 걸까? 달력을 넘기면서 빠르게 살펴보고, 2025년 새해에 대한 전망을 담아볼 예정이다.

2025년 새해, 한국 기업의 거버넌스에 관한 첫 번째 키워드는 '문 앞의 시민들Civilians at the Gate'이다. 이제 자본시장에서 벌어지는 많은 사건들의 본질을 깨닫고enlightened, 다양한 영상과 채널을 통해 자신의 의견을 표출express 할 수 있게 되었으며, 직접 모여서 행동하기engage 시작한 '시민들'이 변화의 중심이 될 것으로 보인다. 이제 격변하는 시대, 흥미진진한 K-기업 거버넌스의 이야기 속으로 다 같이 들어가 보자.

2024년 12월
삼성동 사무실에서
천준범

목차

서문 . 5

PART I
2024년 G 아카이브

키워드로 보는 2024년 G 캘린더 . 19

1월 – 슈카 . 20

2월 – 밸류업 . 26

3월 – 한미사이언스 . 32

4월 – 총선 . 38

5월 – 이복현 . 44

6월 – 상법개정 . 51

7월 – 한화, 두산, SK . 66

8월 – 셀트리온 . 91

9월 – 고려아연 . 101

10월 – 삼성전자 . 117

11월 – 금투세 . 123

12월 – 다시, 상법개정.
       2024년 한 해를 정리하며 . 135

GOVERNANCE TREND

PART II
2025년 G 전망

지난 50년 한국과 세계의 기업 거버넌스 흐름 . 141

2025년 거버넌스 키워드 Top 5 . 145

1. **Civilians at the Gate** (문 앞의 시민들) . 146
2. 지주회사의 역습 . 153
3. 증권신고서 . 162
4. 주주 충실의무 . 175
5. 유니콘 상장시대 . 184

에필로그 . 192

부록 . 195

PART
I

2024년
G 아카이브

GOVERNANCE TREND

키워드로 보는 2024년 G 캘린더

2024년 1월의 키워드: 슈카

2024년 갑진년 새해는 현직 대통령의 첫 증시 개장식 참석으로 기대 속에 시작되었다. 대통령은 개장식 축사를 통해 "글로벌 스탠더드에 맞지 않는 자본시장 규제는 과감하게 혁파해서 글로벌 증시 수준으로 코리아 디스카운트를 해소할 것"이라고 말하면서, 금융투자소득세 폐지와 함께 "이사회가 의사결정 과정에서 소액주주의 이익을 책임 있게 반영할 수 있도록 하는 상법 개정"을 약속했다. 시장에서 예상하지 못했던 발언이었다. 과연 상법상 이사의 충실의무 범위를 회사가 아닌 주주까지 확대하는 개정을 의미하는 것인지에 관해 시장 참여자들의 궁금증이 높아졌다. 지난해까지 여기에 대한 법안은 야당 의원의 두 건밖에 없었고, 여당이나 정부에서는 그에 관한 언급이 전혀 없었던 상황에서 갑자기 나온 발언이었기 때문이었다.

Monthly Focus: 1월 17일, 슈카와 대통령의 대담

바로 2주 후 열린 '민생 토론회'에서는 자본시장 활성화에 대한 여러 이해관계자들의 공개적인 대담이 진행되었다. 이 때 시장의 분위기는 좋지 않았다. 연초부터 증시가 폭락하고 있었기 때문이다. 1월 2일 2,670이었던 코스피 지수는 1월 17일에는 2,436까지 빠졌다. 공교롭게도 이 기간 동안 일본의 니케이225 지수는 33,288에서 3,5477로 날아가고 있었다.

이렇게 2주 동안 한국과 일본의 증시가 완전히 반대 방향으로 움직이던 1월 17일, 생방송으로 진행된 공개 토론회 자리에서는 3백만 명 이상의 구독자를 보유한 경제 유튜브 〈슈카월드〉를 운영하는 전석재 대표(활동명 슈카)가 화제가 되었다. 코리아 디스카운트 문제를 직설적으로 지적하고 대통령에게 그 해결 방안에 대해 질문하는 작심 발언을 했기 때문이다.

이 날 슈카는, "이 자리에서 가장 가슴 아픈 단어 중 하나인 코리아 디스카운트에 대해 말하고자 한다. 놀랍게도 우리나라 기업들이 의사결정 할 때 주주들의 의사에 반하거나 이익에 반하는 결정을 내린다. 이해가 안되는게 기업의 주인인 주주에 대한 결정을 안할 수 있느냐. 우리나라 기업들은 특정 대주주 위한 결정 내리고 심지어 소액주주들의 손실을 감수하는 결정을 내리곤 했다. 특정 대주주의 경쟁력이나 이익 위한 쪼개기 상장, 주주에게 배당하지 않는 주주환원 미흡한 주식으로 국내외 악명을 가지고 있다. 이를 막아야 할 이사회는 유명무실, 거버넌스의 문제, ESG의 문제로 이야기한다. 국내 주식에 투자하라고 하고 싶어도 우리 이익을 위한게 아닌 결정을 하면 청년들과 국내외 투자자에 한국 주식에 투자하라 설득할 수 있겠나."라고 말하며 뼈아픈 한국 자본시장의 코리아 디스카운트와 기업 거버넌스 문제를 지적했다.

이에 대해서 대통령은 "대주주가 임명한 경영진 때문에 소액주주가 손해 보는 결정을 하고 있다"고 슈카의 질문 취지에 대해 인정하면서 "회사법, 상법을 저희가 계속 꾸준히 바꿔 나가면서 거버넌스가 주주의 이익에 부합하는 결정을 할 수 있는 시스템을 만들어야 한다"고 답변한 후 "소액주주는 회사의 주식이 제대로 평가받고 주가가 올라가야 자산 형성을 할 수가 있는데, 대주주 입장에서는 주가가 너무 올라가면 상속세를 어마어마하게 물게 되고 가업 및 기술 승계가 불가능해지는 것은 물론 근로자들의 고용 상황까지 불안해진다"며 "주식투자자가 1400만 명이나 되고 국민연금 자산이 많아지면 그건 결국 국민들에게 환원되는 것"이므로 "주식시장의 발전을 저해하는 과도한 세제는 결국 우리 중산층과 서민에게 피해 준다는 것을 인식하고 공유해야 한다"고 답변했다. 기업 거버넌스 관련 제도와 함께 상속세와 가업 승계 문제를 언급한 것이다. 나아가 대통령은 "과도한 세제들을 개혁해

나가면서 바로 이런 코리아 디스카운트를 근본적으로 해결할 수 있다" 며 "법을 바꿔야 하는 것은 국민들이 뜻을 모아서 여론의 지지를 좀 해달라"고 당부했다[1].

주주 충실의무 입법 제안은 해프닝으로

공개 석상에서 코리아 디스카운트와 기업 거버넌스 문제를 제기한 슈카의 발언이 큰 호응을 얻으며, 1월 17일의 이 장면은 수많은 시장 참여자들에게 공유되었다. KBS의 영상이 약 87만회[2], 채널A 영상이 약 83만회[3], 슈카월드 채널에서 약 43만회[4] 시청되는 등 수백만 명이 이 장면을 보았다. 다만 대통령의 답변에서 '상법 개정'이라는 단어가 나오지 않았고, 기업 거버넌스 개선 방향에 대한 발언이 일반적인 관점에서 그쳤다는 점에서 2주 전의 상법 개정 발언과의 연관성에 대한 궁금증이 증폭되었다. 하지만 이 궁금증은 곧 해소되었다. 17일 금융위원회와 법무부가 발표한 '국민과 함께하는 민생토론회' 자료에 따르면, 법무부가 상법상 이사의 충실의무 범위에 주주를 포함시키는 내용의 상법 개정을 당분간 추진하지 않는다고 밝혔기 때문이다.

법무부 법무실장은 이날 "법무부 실무자들의 보다 근본적인 고민은 사실 이런 규정이 생기더라도 추상적이고 선언적인 규정에 그칠 가능성이 있다는 것"이라며 "보다 피부에 와닿게 주주들이 보호받을 수 있는 실용적인 장치를 마련하는 것이 더 중요하다"고 말했다. 법무부는 대신 이사의 회사 기회 유용에 대한 규율을 강화하는 방안을 먼저 추진할 계획이라고 했다. 전자 주주총회 도입도 언급되었다. 법무부 법무실장은 "기회 유용 같은 경우에는 이사회의 사전 승인을 받아야 되는 규정이 명확하지가 않아서 논란이 있다"며 "명확하게 사전 승인을 받도록 입법을 추진(할 생각)"이라고 말했다.[5]

어쨌든, 작은 불꽃은 까만 밤하늘에 쏘아졌다

2024년 1월, 대통령의 증시 개장식 참석과 민생 토론회를 통해 촉발된 주주 충실의무에 관한 상법 개정 논의는, 마치 조용한 해변의 까만 밤하늘에 쏘아 올려진 작은 문방구 폭죽과 같이 짧지만 분명한 여운을 남겼다. 상법 개정에 대한 직접적인 언급이 사라지고 법무부가 당분간 이를 추진하지 않기로 결정했음에도 불구하고, 코리아 디스카운트의 원인과 해법에 대한 대중의 관심이 모아졌다. 수백만 명의 시청자들이 슈카와 대통령의 대화를 지켜보며, 한국 기업들의 거버넌스와 주주 권리 보호에 대한 문제의식을 상기하게 되었다.

토론회에서 대통령의 답변이 본질적인 기업 거버넌스 문제보다 상속세와 같은 세금 문제에 방점이 찍혔다는 점에서 실망스러웠다는 반응도 많았지만, 적어도 주가 상승에 대한 지배주주와 일반주주의 이해

상충 관계에 대한 명확한 인식이 있다는 점은 긍정적이었다. 4월 총선을 앞두고 나온 정치적 제스처라는 의견도 있었지만, 어떤 중요한 정책이 정치적 지형 없이 나올 수 있겠느냐는 반응도 틀린 말은 아니었다. 어쨌든, 2024년의 1월은 해묵은 코리아 디스카운트 해소와 자본시장 선진화 문제에 대한 대중적 논의의 장이 20여년 만에 다시 열린 순간이었다.

2024년 2월의 키워드: 밸류업

G

    1월의 문방구 폭죽은 2월에 터질 불꽃에 대한 기대감을 키웠다. 사실 꽤 근거 있는 기대였다. 재료는 이미 만들어지고 있었기 때문이다. 이미 2년 전인 2022년 9월, 금융위원회가 코리아 디스카운트 해소를 위한 정책 세미나를 여는 등 종합적인 정책 연구를 시작한 상태였다. 그리고 이를 기초로 2023년에는 배당제도, 자사주 제도, 스튜어드십 코드 등 다양한 제도 개선을 진행하고 있었다.

    이 모든 것의 시작은 2020년 9월 LG화학 물적분할 사건이었다. 주식 투자자 1400만 시대에 걸맞게, 정부는 이후 봇물처럼 터져나온 개인 투자자들의 자본시장 제도 개선 요구에 꽤 적극적으로 부응하고 있었다. 어쨌든 2024년, 금융위원회는 바로 2월 중으로 '기업 밸류업 프로그램'에 대한 발표를 예고했다. 지난 해 기업가치 제고 프로그램을 실시했던 일본 사례에 대한 관심이 커졌고, 30년 동안 일본 자본시장을 취재해 온 고다이라 류시로[6] 닛케이 신문 논설위원의 방한 세미나는 여의도 금융가의 기대를 폭발시켰다[7].

이 세미나에서 고다이라 논설위원은 일본의 밸류업 정책이라고 할 수 있는 도쿄증권거래소의 PBR 개혁 조치가 성공할 수 있었던 요인을 자세히 발표했다. 일본인의 체면을 중시하는 성격, 후발주자로서 모범 사례를 충실히 따라가는 문화, 거래소의 막대한 영향력이라는 세 가지가 중요했다는 점을 지적했다. 다만 한국에서는 체면 문화나 거래소의 권위가 통하지 않는 요인일 수 있으니, 모든 걸 양식화하고 기업 문화에 녹여내는 게 유효한 전략이 될 것 같다는 의견을 밝혔다. 또 한국에서는 좀 더 엄격하고 딱 떨어지는 규제를 마련해서 상장사에 적용해야 할 것이라는 의견도 덧붙였다[8].

Monthly Focus: 2월 26일, 밸류업 정책 발표

2024년 2월 26일 오전 9시 30분, 여의도는 물론 국내외의 수많은 개인 및 기관투자자들의 눈이 한국거래소로 향했다. 바로 정부가 '기업 밸류업 지원방안'을 발표하는 날이었다. 공교롭게도 바로 나흘 전인 2월 22일, 일본 증시의 닛케이225 지수가 39,098.68로 '잃어버린 30년'을 극복하고 35년 만에 사상 최고치를 돌파하면서[9] 이러한 시장의 흥분 상태가 한국 증시로까지 이어질 수 있을지에 대한 기대감이 최고

조에 달했다.

이 날, 공개된 밸류업 정책의 핵심 키워드는 '자율'과 '중장기'였다. 정부는 상장기업의 자율적인 기업가치 제고 노력을 지원하고, 이를 통해 한국 증시의 도약을 이끌어내는 것을 목표로 한다는 큰 그림을 그렸다. 정책은 크게 기업가치 제고 계획의 수립·이행·소통 지원, 기업가치 우수기업에 대한 시장평가 및 투자 유도, 그리고 전담 지원체계 구축이라는 세 가지 축으로 구성되어 있었다.

정책의 핵심은 상장기업이 자율적으로 '기업가치 제고 계획'을 수립하고 이행하도록 하는 것이었다. 기업들은 한국거래소의 가이드라인을 바탕으로 매년 중장기적 관점에서 계획을 수립하고, 이를 자사 홈페이지와 거래소를 통해 자율적으로 공시하게 되었다. 정부는 기업들의 참여를 독려하기 위해 기업가치 제고와 주주환원 확대를 위한 다양한 세제 지원 방안을 마련하고, 매년 우수기업에 대해서는 표창, 모범납세자 선정 우대, 세정지원 등의 혜택을 제공할 계획이라고 밝혔다.

이러한 기업가치 제고 노력이 실제 투자로 이어지도록 하기 위한 방안도 마련하기로 했다. '코리아 밸류업 지수'를 개발하여 기업가치 우수 기업 중심의 지수를 만들고, 이를 기관투자자의 벤치마크로 활용되도록 하며, 이 지수를 기반으로 한 ETF를 상장하여 일반 투자자들의 참여도 유도한다는 계획이었다 – 이 계획은 나중에 실현되어 코리아 밸류업 ETF가 11월 4일에 상장되었다.

한편 기관투자자가 기업가치 제고 노력을 투자 판단에 활용하도록 스튜어드십 코드에 관련 내용을 반영하고, 시장별·업종별 주요 투자 지표를 비교 공표하여 투자자들의 편의를 높이겠다는 청사진도 밝혔다. 정책의 지속적인 추진과 발전을 위해 전담 지원체계도 구축한다고 발표했고, 추후 계획도 공지되었다. 2024년 5월 2차 세미나를 통해 가이드라인 세부내용에 대한 의견을 수렴하고, 상반기 중 가이드라인이 확정될 것이라고 했다. 이렇게 되면 2024년 하반기부터는 준비된 기업부터 기업가치 제고 계획을 자율적으로 수립하고 공시하기 시작할 것으로 예상되었다. 정부는 이 정책을 단기적 성과보다는 중장기적 관점에서 추진할 계획이며, 이를 통해 한국 자본시장의 선진화와 기업가치 제고 문화 정착을 이루고, 궁극적으로 코리아 디스카운트 해소와 한국 증시의 도약을 이끌어낼 수 있을 것으로 기대한다고 하였다.

구체성과 강제성 없는 정책에 시장은 실망

이 날 밸류업 정책 발표 직후, 시장은 실망으로 반응했다. 방안 발표 직후 코스피와 코스닥 지수는 1%대 급락하는 모습을 보이기도 했고, 코스피 지수는 2월 26일과 27일 이틀 동안 2,667.70에서 2,625.05로 약 1.6% 빠졌다. 주로 1월부터 일본과 비슷하게 PBR이 낮은 종목에 대한 정책이 있을 것이라는 기대 하에 상승했던 자동차, 금융 등 소위 '저PBR 주식'에 매도세가 집중되었다.

정책에 대해서는 구체성과 강제성이 없어 실효성이 의문이라는 평이 대부분이었다. 배당이나 자사주 매입 등 주주 환원 확대에 관한 구체적인 방안이 빠지면서 당장 주식 시장에는 별다른 영향을 미치지 못할 것이란 분석이 나왔다. PBR(주가순자산비율) 1 미만인 회사에 대해 상장폐지까지 가능하다고 했던 지난해 일본의 사례와 비교되기도 했다. 강제성이 전혀 없어 상장회사들이 이러한 정부의 정책에 따라야 할 동기나 이유가 없다는 평가도 있었다.

특히, 상장회사의 지분이 분산되어 있는 일본보다 지배주주가 많은 한국의 기업가치 제고가 구조적으로 훨씬 어려운 상황임에도, 정부가 '자율'과 '장기적 대책'만 강조한 것에 대한 시장의 실망이 컸다[10]. 한국의 기업 거버넌스 현실에 관한 뼈아픈 지적을 담은 '한국, 이제 좀 그만 (South Korea – Enough Is Enough)'이라는 제목의 투자자 리포트를 써서 화제가 되었던 영국계 자산운용사 페더레이티드 허미스 Federated Hermes 의 조나단 파인스 Jonathan Pines 아시아 (일본 제외) 수석 포트폴리오 매니저의 최근 리포트가 다시 회자되었다. 그는 이미 2월 13일에 '설득 불가능한 사람들? (The Unpersuadables?)'이라는 제목으로 '소프트한 일본식 기업가치 제고의 접근 방식이 지배주주가 있는 한국에서는 한계가 있을 것'이라고 예상하는 등[11] 구조적인 문제를 해결해야 한다고 주장한 바 있었기 때문이다. 이렇게 구체성과 강제성에 대한 시장 요청이 높았음에도 불구하고 발표된 정책은 이에 미치지 못했다는 인식이 강했다.

1분기 외국인 순매수 사상 최대 - "그래도 기다려 본다."

2월 26일 발표된 밸류업 정책에 대한 첫 반응이 모두 부정적인 것은 아니었다. 물론 주식시장 하락으로 나타난 실망의 목소리는 주로 '강제성'과 '구체성'이 없다는 점을 지적했다. 하지만 외국인 투자자들은 1월부터 계속되어 온 한국주식 순매수를 멈추지 않았다. 2024년 1월 약 3조 3530억 원을 순매수한 외국인들은[12] 2월에 무려 약 7조 3750억 원을 순매수하면서 밸류업에 대한 기대를 키웠다[13]. 그리고 이러한 행렬은 밸류업 정책이 발표된 3월에도 약 5조 1020억 원 순매수로 계속되었다. 결국 외국인들은 1분기에만 무려 15조 8천억 원을 순매수하여 1998년 관련 통계를 집계하기 시작한 이후 최대치를 기록했다[14]. 이제 막 첫 단추를 끼우기 시작한 한국의 자본시장 정상화 흐름에 대한 기대를 버리지 않았던 것이다.

2024년 3월의 키워드: 한미사이언스

매년 3월은 정기주주총회로 바쁜 달이다. 한 해가 시작되면, 지난해 결산을 하고 회계감사를 받고 주주총회를 준비하느라 재무를 비롯한 경영관리부서는 잠시도 쉴 수 없는 바쁜 시기를 보낸다. 2022년과 2023년 정기주주총회 시즌의 주인공은 SM엔터테인먼트였다. 2022년 3월에는 얼라인파트너스가 제안한 감사 후보가 선임되었고, 2023년 3월 정기주주총회를 앞두고는 하이브와 카카오의 지분경쟁이 펼쳐지면서 시장은 물론 국민적으로 초미의 관심사가 되었다. 새해가 밝았고, 2024년 3월의 주인공은 한미사이언스였다.

한미사이언스보다 더 유명한 이름은 한미약품이다. 한미약품은 연매출 1조 원 이상에 영업이익 10% 이상을 달성하는 국내 최정상급의 제약사다. 국내에서 드물게 신약 개발 중심으로 성장해 온 대단히 우량한 바이오 기업이다. 한미사이언스는 한미약품의 지주회사다. 한미약품은 지난 2010년 대부분의 지주회사와 같이 인적 분할 방식으로 지주회사로 전환한 후 2012년에 이름을 한미홀딩스에서 한미사이언스로 바꿨다. 지주회사로 전환한 회사들이 대부분 그렇듯, 창업자 가족들의 지분은 모두 지주회사로 모여 있었다. 그런데, 2020년 전형적인 가족 경영 기업의 가족간 갈등의 씨앗이 뿌려졌다. 창업자 임성기 회장이 별세하면서 상속에 의해 지분이 쪼개지고 상속세 납부 문제가 생긴 것이다. 남은 가족 네 명은 약 5400억 원에 달하는 상속세를 해결하기 위해 OCI와의 통합을 추진하는 모녀 측과 이에 반대하는 형제 측으로 나뉘었다.

Monthly Focus: 3월 28일 한미사이언스 정기주주총회

예상하지 못한 결과가 나왔다. 당연히 선임될 것이라고 생각했던 모녀 측의 이사 후보 6명이 모두 탈락하고, 형제 측의 이사 후보 5명이 모두 선임되었다. 그 전까지 모녀 측의 우세가 예상된 근거는 있었다. 이틀 전인 26일, 법원이 모녀 측의 OCI와의 통합안에 대한 형제 측의 금지 가처분을 기각했었다. 지분 약 7.66%를 보유한 국민연금 수탁자책임 전문위원회도 모녀 측 이사 선임안에 대한 찬성을 의결했었다.[15] 이렇게, 사실상 모녀 측이 약 51%의 의결권을 확보하고 승리할 것으로 예상되던 분위기와 완전히 반대의 결과였다.

조금 더 시간을 거슬러 올라가 보자. 긴장되는 분위기는 4일 전인 22일, 신동국 한양정밀 회장이 형제 측 지지를 선언하면서 시작되었다. 신 회장은 창업자 임성기 회장의 동향 친구이자 12.15% 주주였다. 그 전까지 주주총회에서 표 대결은 하나마나인 상태였는데, 신 회장의 지지로 박빙의 상황이 되었던 것이다. 이 상황에서 국민연금의 결정으로 모녀측의 지지 지분율은 약 42.99%, 신 회장의 도움을 받은 형제 측의 지분율은 40.57% 가량으로 예측되었다. 이런 상황에서 2~3% 득표율 차이로 승부가 뒤집혔기 때문에, 과연 누가 캐스팅 보트를 쥐었는지 시장의 관심이 집중되었다.

먼저 일반주주들이 모이는 플랫폼인 '액트'가 주목을 받았다. 액트는 마이데이터(본인신용정보관리업)를 기반으로 온라인으로 쉽게 주주 인증을 하고 같은 회사 주식을 보유한 주주들이 소통할 수 있는 서비스다. 기존에는 단체 채팅방이나 인터넷 게시판을 통해서 소통하더라도 주주 여부를 쉽게 확인할 수 없어 어려움이 있었던 문제를 해결하기 위해 나온 서비스였다. 한미사이언스에 대해서도 약 1% 가량의 주주가 여기에 모여 의결권을 행사했다고 알려졌다[16]. 당시 액트를 통해 형성된 일반주주들의 여론이 박빙이었던 주주총회 결과에 상당한 영향을 주었다는 평가를 받았다. 한편, 보다 결정적으로는, 창업자의 가족이나 친척들이 세대를 건

너서까지 생각이 같지 않다는 점이 드러났다. 모녀 측을 지지할 것으로 예상되었던 사촌들의 지분 약 3.2%가 형제 측에 표를 던진 것으로 밝혀진 것이다[17].

필연적인 기업 거버넌스 변화의 흐름이 예시되다

세대가 지나면서 달라질 수밖에 없는 창업자 가족들의 생각, 그리고 기술의 발전으로 하나의 생각으로 뭉치기 쉬워진 일반주주들. 한미사이언스의 3월은 피할 수 없는 두 종류의 현실을 시장에 명확히 보여주었다. 이는 단순히 한 기업의 이야기가 아닌, 한국 기업 전반에 걸쳐 일어나고 있는 큰 흐름의 한 단면이다.

첫째, 창업주 가족의 지배력 약화다. 한국의 주요 기업들은 대부분 1960년대 이후 사업을 시작했다. 약 60년이 지난 지금, 2세 또는 3세로 세대를 거듭하면서 상속 등으로 가족 구성원 간 이해관계가 복잡해지고, 경영에 대한 견해 차이도 커지고 있다. 한미사이언스에서 볼 수 있듯이, 사촌간은 물론, 심지어 형제와 모녀 간에도 의견이 갈리는 상황이 빈번해지고 있다. 이는 아직 창업 가족 구성원들의 지분율이 높은 한국 기업의 의사결정 구조와 경영 전략에 직접적인 영향을 미치고 있다.

둘째, 일반 주주들의 목소리가 커지고 있다. 액트와 같은 플랫폼의 등장으로 개인 주주들이 쉽게 결집할 수 있게 되었다. 한미사이언스 주주총회에서 액트를 통해 모인 약 1%의 주주들이 결과에 상당한 영향을 미쳤다는 점은 이러한 변화를 잘 보여준다. 이제 기업들은 소수 주주의 이익도 결코 무시할 수 없는 상황이 되었다.

셋째, 기관투자자의 영향력 증대다. 국민연금과 같은 대형 기관투자자들이 첨예한 지분 경쟁 상황에서도 의결권 행사에 적극적으로 나서면서, 주주총회의 판도를 바꾸고 있다. 한미사이언스 사례에서 국민연금의 결정이 주주총회 결과 예측에 큰 영향을 미쳤듯이, 연기금은 물론 다양한 기관투자자들의 움직임은 기업 거버넌스의 향방을 좌우하는 중요한 변수가 되고 있다.

한국 기업들이 직면한 새로운 거버넌스의 현실

이러한 변화들은 한국 기업들의 거버넌스에 대한 생각을 뿌리부터 바꾸고 있다. 창업자 가족 위주의 경영이 점점 어려워지고, 다양한 이해관계자들의 의견을 수렴해야 하는 환경이 조성되고 있다. 이는 결국 기업의 의사결정 과정을 더욱 투명하고 합리적으로 만들어, 장기적으로는 기업 가치 향상으로 이어질 수 있을 것으로 기대된다.

그러나 이러한 변화가 순탄하게만 진행되지는 않을 것이다. 여전히 많은 기업들이 창업 가족 구성원들의 강력한 영향력 아래 있으며, 회사의 임직원들 역시 기존의 역학 구도가 더 익숙하다. 또한, 다양한 이해관계자들의 의견을 조율하는 과정에서 의사결정이 지연되거나, 사업상 문제에 집중하지 못하는 부작용도 나타날 수 있다.

어쨌든 2024년 3월, 한미사이언스는 한국 기업들이 직면한 새로운 현실을 적나라하게 보여줬다. 세대를 거듭하며 변화하는 창업자 가족의 역학관계, 기관투자자의 영향력 증대, 그리고 기술 발전으로 뭉치기 쉬워진 일반주주들. 이 세 가지 요소가 만들어내는 새로운 기업 거버넌스의 모습이 한미사이언스를 통해 선명하게 드러난 것이다. 앞으로 한국 기업들과 시장 참여자들은 이러한 변화의 흐름 속에서 어떻게 균형을 잡아갈지 고민하게 될 것이다.

2024년 4월: 총선

G

4월, 밸류업과 외국인 투자자들의 15조 순매수로 뜨겁게 달아오른 경제 만큼이나 정치 지형은 어지러웠다. 한국 사회는 극도의 양극화 상태에 놓여 있었다. 여야 간 대립은 그 어느 때보다 격렬했고, 사회 전반에 걸쳐 갈등의 골이 깊어지는 양상이었다. 선거 직전까지 여당과 야당의 지지율은 여러 이슈로 롤러코스터를 탔다. 의대 정원 확대 논란, 호주 대사 임명, 조국혁신당 창당 등 다양한 사건들이 유권자들의 마음을 흔들어 놓았다.

한편 시민사회에서는 이러한 정치권의 행보에 대한 피로감이 누적되고 있었다. 특히 청년층을 중심으로 기성 정치에 대한 불신이 고조되었고, 이는 제3지대론이나 새로운 정치세력에 대한 관심으로 이어졌다. 전문가들의 예측은 엇갈렸다. 일부는 여당의 승리를 점쳤고, 다른 이들은 야당의 우세를 전망했다. 그러나 막상 뚜껑을 열어보니 선거는 야당의 압승으로 귀결됐다. 민주당이 무려 175석을 가져갔고, 국민의 힘은 108석에 머물렀다.

Monthly Focus: 4월 10일, 민주당 175석 당선

예상 밖의 선거 결과를 마주한 자본시장 참여자들의 생각이 둘로 나뉘었다. 선거 결과로 인해 정부가 추진해오던 자본시장 정상화 정책들이 중단될 수 있다는 우려가 먼저 나왔다. 특히 정부가 역점을 두고 추진해온 '밸류업 프로그램'을 비롯한 경제 정책들이 앞으로도 순조롭게 진행될 수 있을지에 대한 우려의 목소리가 나왔다. 야당이 국회의 압도적인 과반을 차지하게 된 상황에서, 정부의 정책 추진력이 상당히 약화될 것이라는 전망이 지배적이었다. 야당이 정부 정책에 대해 비판적 입장을 취해왔기 때문에, 밸류업 정책을 포함한 주요 경제 정책들이 국회 문턱을 넘기 어려울 것이라는 의견이었다. 이 경우, 기업들의 적극적인 주주 환원 정책이나 지배구조 개선 노력이 둔화될 수 있다는 우려가 있었다. 현실적으로도 하반기에 여야 간 대립이 더욱 격화될 것으로 예상되었다. 이러한 정치의 문제가 경제의 문제를 집어 삼켜 주요 경제 정책들이 국회 문턱을 넘지 못하고 표류할 가능성이 높다는 전망은 이상하지 않았다.

하지만 일각에서는 오히려 이번 선거 결과가 정부와 여당의 정책 추진 동력이 될 수 있다는 의견도 있었다. 총선에 패한 여당은 남은 임기 동안 가시적인 성과를 내야 한다는 절박함을 가질 수 있다는 것이었다. 또한 이러한 긴장이 정책의 질을 높이고, 야당과의 협력을 이끌어낼 수도 있다는 의견이었다. 특히 경제 활성화와 기업 가치 제고라는 목표에 대해서는 여야 간 큰 이견이 없을 것이라는 점을 들어, 밸류업 정책의 핵심 요소들이 지속될 가능성도 있다고 보았다.

또한, 일부에서는 정부의 밸류업 정책이 이미 국내외 시장 참여자들과 기업들에게 상당한 영향을 미쳤다는 점을 강조했다. 많은 기업들이 배당을 확대하고 자사주 매입을 늘리는 등 주주 친화적 정책을 강화하기로 방향을 정했기 때문에, 정책의 추진력이 다소 약화되더라도 이러한 흐름은 어느 정도 지속될 것이라는 전망이었다. 결국 정책의 지속성은 여야의 협치 여부에 달려 있다고 볼 수 있었다. 국민의 삶과 직결된 경제 정책에 대해서 여야가 합의점을 찾아갈 수 있을 것인지, 아니면 정쟁의 도구로 전락할 것인지 귀추가 주목되었다.

결론적으로, 4월 총선 이후 밸류업 정책을 비롯한 정부의 경제 정책 지속 여부에 대한 시장의 우려는 상당히 고조된 상태였다. 그러나 이는 단순히 정책의 중단이나 후퇴를 의미하기보다는, 정책의 방향과 속도 조절에 대한 불확실성으로 해석되었다. 앞으로 여야 간 협치 여부, 정부의 정책 추진 의지, 글로벌 경제 상황 등 다양한 요인들이 복합적으로 작용하여 한국 기업들의 가치 제고와 주식시장의 활성화 여부를 결정짓게 될 상황이었다.

단기적 불확실성 발생, 장기적으로는 긍정적

시장 참여자들은 이러한 불확실성으로 인해 단기적으로는 관망세가 짙어질 것으로 예상했다. 정부의 정책 방향이 좀 더 명확해지고, 여야 간 협력 가능성이 가시화될 때까지는 시장 참여자들이 큰 폭의 투자 결정을 보류할 가능성이 높다는 것이다. 한편, 2분기에는 국제 정세와 글로벌 경제 상황도 중요한 변수로 작용할 전망이었다. 미중 갈등, 글로벌 인플레이션 우려, 주요국의 통화정책 변화 등 한국 경제와 기업 가치에 미치는 영향이 큰 이슈가 많았다. 따라서 국내 정치 상황 못지않게 이러한 외부 요인들도 주목해야 한다는 의견이 나오고 있었다.

이러한 우려는 주식시장에 바로 반영되었다. 총선 직후 증시의 반응은 예상보다 더 격렬했다. 총선 다음 날인 4월 11일 2,706.96으로 출발한 코스피 지수는 5 영업일 후인 4월 17일 2,584.18로 무려 4.5%나 폭락했다. 이는 정치적 불확실성과 경제 정책의 향방에 대한 시장의 불안감이 반영된 결과로 해석되었다. 특히 정부 '밸류업 정책'의 핵심 수혜 업종으로 여겨졌던 금융, 지주회사, 유틸리티 섹터의 주가 하락이 두드러졌다. 야당의 압승으로 인해 이러한 정책의 추진력이 약화될 것이라는 우려가 반영된 것으로 보였다.

외국인들의 매수세도 한풀 꺾였다. 4월 외국인 투자자 순매수는 2조 6260억 원이었다. 정치적 불확실성이 높아진 상황에서 한국 시장에 대한 신뢰도가 일시적으로 하락한 것으로 분석되었다. 특히 코리아 디스카운트 해소를 위한 정부의 노력이 차질을 빚을 수 있다는 점이 외국인 투자자들의 우려를 자극한 것으로 해석되었다. 개인 투자자들 사이에서도 동요가 일어났다. 대통령이 약속한 금융투자소득세 폐지가 무산될 가능성이 높아지면서, 연말 대규모 매도세가 출현할 수 있다는 전망이 제기되었다. 이는 개인 투자자들의 심리를 위축시키는 요인으로 작용했다.

하지만 이러한 시장의 반응이 과도하다는 의견도 제기되었다. 일부 전문가들은 정책의 근본적인 방향성은 크게 바뀌지 않을 것이라고 주장했다. 특히 코리아 디스카운트 해소의 필요성에 대해서는 여야 모두가 공감하고 있으며, 이사의 주주 충실의무 상법 개정은 당초에 야당에서 발의한 법안이었다는 점에서 오히려 여야가 논리적으로는 이견이 없는 상태가 된 것이라는 의견이 나왔다.

총선 여진 속에 앞당겨진 밸류업 정책 최종 발표

총선의 후폭풍이 지나간 후, 정부는 당초 6월로 예정했던 밸류업 정책의 최종 발표를 5월 2일로 앞당겼다. 밸류업 정책에 대한 기대감이 낮아지고 코스피 지수가 급락했기 때문이기도 했다. 정부 당국자들도 바쁘게 움직였다. 부총리는 4월 19일에 미국 워싱턴 D.C.로 날아갔다. "배당, 자사주 소각 등 주주 환원 노력이 증가한 기업에 대해 법인

세 세액공제를 도입하고 배당 확대 기업 주주의 배당소득에 대해선 분리과세를 추진하겠다"는 발언이 나왔다. 금융위원회 부위원장도 4월 23일 한국증권학회가 주최한 '기업 밸류업 성공을 위한 과제' 심포지엄에 등장했다. "지금이 기업 밸류업을 본격적으로 추진할 골든타임"이라며 "기업 밸류업 프로그램을 흔들림 없이 추진해 나갈 것"이라고 강조했다[18].

이는 총선에 참패한 여당이 남은 임기 동안 가시적인 성과에 대한 절박함 속에 야당과의 정책 경쟁을 강화하는 모습으로 비춰졌다. 한편 5월에 나올 기업가치 제고계획 수립 및 공시를 위한 구체적인 가이드라인에는, 상장회사가 스스로 기업가치 수준을 평가해 이를 제고할 수 있는 방안을 자율공시하는 내용이 담길 것으로 전망되었다. 다만 시장에선 여전히 강력한 세제 혜택이나 기업 참여를 강하게 독려할 수 있는 방안을 기대하고 있었다. 이러한 내용이 포함됐는지에 따라 발표 효과가 좌우될 것으로 전망되었다.

2024년 5월: 이복현

G

올해의 폭염을 예고한 듯 평년보다 덥고 습했던 5월의 날씨와 달리, 자본시장의 5월은 냉랭한 시장의 반응과 함께 시작되었다. 5월 2일에 정부가 발표한 밸류업 가이드라인, 즉 '기업가치 제고계획 수립 및 공시 가이드라인'은 사실 자율성, 미래지향성, 종합성, 선택과 집중, 이사회 책임 등을 강조한, 매우 모범적으로 잘 정리된 문서였다. 특히 PBR(주가순자산비율), ROE(자기자본이익률) 등 투자자를 기준으로 하는 효율적인 경영을 의미하는 지표가 강조되었고, 이사회의 적극적 참여를 권장하는 등 이사회 중심 기업 거버넌스의 출발점이 될 것으로 기대되기도 했다. 하지만 첫 발표와 크게 달라지지 않은 이 날의 밸류업 정책 최종 발표의 내용, 당근도 채찍도 없이 자율에 맡기는 '대책 없이' 세련되기만 한 정부의 순수함에 대해 시장, 특히 개인투자자들의 실망이 커지고 있었다.

게다가 적어도 이 때까지는 금융투자소득세 폐지를 공언한 여당이 총선에서 크게 패하면서 2025년 1월부터 예정대로 금융투자소득세가 시행될 가능성이 높아졌다고 여겨졌다. 총선에서 승리한 민주당의 정책위원회 의장은 5월 10일 기자간담회에서 "대통령이 기자회견에서 금투세를 도입하면 우리 주식시장이 폭망한다는 취지로 발언한 것은 전혀 근거 없는 공포를 과장한 것"이라고 강조하면서[19] 금융투자소득세 강행을 예고했다. 이러한 분위기 속에 개인 투자자들은 밸류업 발표가 있던 5월 2일부터 23일까지 국내 주식시장에서 2조 9981억원을 순매도했고, 투자자 예탁금도 2일 약 58조 원에서 22일 약 54조 원으로 급격히 감소했다[20].

Monthly Focus: 5월 16일, 이복현 원장의 미국 뉴욕 발언

이 때, 5월을 넘어 어쩌면 2024년 한 해의 키워드로 선정될 수도 있을 한 사람의 발언이 미국으로부터 태평양을 건너 한국을 강타했다. 공인회계사이자 특수부 검사 출신으로 금융감독원장에 임명되었던 이복현 원장이었다. 이 원장은 정부의 밸류업 정책 발표 이후 미국 뉴욕에서 Invest K-Finance 투자 설명회를 진행하던 5월 16일 일종의 작심 발언을 했다. "개인 의견으로 이사의 주주에 대한 충실 의무는 무조건 도입돼야 한다고 생각한다. 결론이 어떻게 날지는 국회 논의를 거

쳐야 하겠지만, 적어도 지금 우리가 기업 밸류업 및 자본시장 레벨업을 추진하는 과정에서 이 논의가 공론화조차 되지 않는다면 밸류업에 대한 정부 의지를 의심하게 만들 것"이라는 이 원장의 발언은 국내 언론에 대대적으로 보도되었다.

나아가 이 원장은, "상법이나 자본시장법상 거버넌스 문제에 대한 고려가 필요하다는 것을 강하게 인식하고 있다. 쪼개기나 중복 상장 문제, 소수 주식 가치 보호에 실패한 부분이 있다면 이사의 충실 의무 등 법 개정 등을 통해 개선할 수 있을지 다양하게 검토 중"이라는 구체적 목표와 함께 "짧게는 한두달, 길게는 하반기 국회가 정식 출범하기 전 정부에서 지배구조 개선정책 방향을 잡는 것이 목표고 5~6월부터 관련 공청회나 이벤트를 준비중"이라는 일정까지 공개했다. 시장의 기대가 한껏 높아졌다. 특히 이러한 발언은 정부가 밸류업 정책 홍보를 위해 '주주에 대한 충실의무(duty of loyalty to shareholders)의 나라' 미국에서 일종의 로드쇼를 하던 기간에 나온 것이어서 더 실감나기도 했다. 1월에 잠깐 반짝였다 사라졌었지만, 외국인 투자자들을 직접 만나 그들로부터 뭔가 자극을 받은 정부 당국자들이 코리아 디스카운트의 근본적인 문제를 인식한 것 아니냐는 시장의 기대가 다시 생겼다.

조금 더 보이는 진정성, 발화자에 대해서는 갸우뚱

대통령이 발언했다가 법무부가 2주 만에 뒤집었던 1월 해프닝의 데자뷰 같기도 했지만, 이복현 원장의 발언은 밸류업의 불씨가 꺼져가던 시장에 신선한 충격을 주었다. 특히 그의 언급은 상법 개정, 즉 '이사의 주주 충실의무' 도입의 필요성과 그 이유를 정확히 짚어내고 있다는 평가를 받았다. 많은 투자자와 시장 참여자들이 긍정적인 반응을 보였다. 그러나 일각에서는 부족한 맥락에 대한 의문을 제기했다. 금융감독원은 법령 제정권이 없는 감독기관이어서, 상법 개정과 같은 중요한 정책 방향을 금융감독원장이 제시하는 것이 적절한가에 대한 우려의 목소리도 있었다. 법무부나 금융위원회 등 관련 부처의 입장이 아닌, 금융감독원장의 개인 의견이라는 점에서 실현 가능성에 대한 의구심도 제기되었다.

이 원장의 발언이 정부 내부의 충분한 협의를 거친 것인지, 아니면 개인적 소신을 밝힌 것인지에 대한 불확실성도 있었다. 만약 이것이 단순히 개인적 견해라면, 정부의 공식 입장과 어떻게 조율될 것인지에 대한 의문이 제기되는 것이 당연했다. 반면, 정부 내 실제 논의를 바탕으로 한 발언이라면, 왜 금융감독원장이 이를 먼저 공개했는지에 대한 의문이 남았다. 어쨌든 이러한 불확실성은 향후 정책 추진 과정에서 여러 가지 문제를 야기할 수 있다고 여겨졌다. 부처 간 입장 차이로 인한 갈등이 발생할 수 있으며, 이는 정책의 일관성과 신뢰성을 해칠 수도 있다. 또한, 이 원장의 발언이 개인적 견해에 그친다면, 시장에 잘못된 기대감을 심어줄 우려도 있었다.

하지만 최소한 이 원장의 발언은 한국 자본시장의 근본적인 문제에 대한 주요 정부 당국자의 인식과 개선 의지를 보여주었다는 점에서 긍정적이었다. 물론 동시에 정책 실현의 주체와 절차, 그리고 정부 내 합의 여부에 대한 의문도 제기되었다. 이는 향후 정부의 구체적인 후속 조치와 관련 부처들의 협력이 어떻게 이루어질지에 대한 관심으로 이어졌다. 즉, 이 원장의 발언이 실제 정책으로 이어질지, 그리고 그 과정에서 어떤 논의와 조정이 이루어질지에 대해 시장의 이목이 집중되었다.

"One small step, but one giant leap." And…?

5월 26일, 정부는 밸류업 프로그램, 즉 기업가치 제고 계획 가이드라인을 최종 확정했다. 크게 바뀐 점은 없었다. 핵심은 기업들이 자율성을 바탕으로 중장기 미래 계획을 수립하고, 이를 투자자 및 주주와 적극적으로 소통하여 기업가치를 높이는 것이었다. 5월 2일의 초안에서 '연구개발(R&D) 투자' 관련 지표가 추가되어 투자를 통한 가치제고 방안이 강조되었고, 기업들이 각자의 특성과 성장 단계에 맞는 계획을 수립할 수 있다는 점이 명시되었다. 지배구조 지표에는 '내부감사 지원조직의 독립성'과 '내부감사기구 주요 활동내역의 공시' 등이 예시로 추가되었다. 이사회의 역할과 관련해서는 '경영관리상 책임 있는 결정기관인 이사회의 적극적 참여 권장'이라는 내용이 포함되었다. 그러나 전반적으로 기업가치 제고의 상당 부분을 기업의 자율 영역에 남겨두었다.

시장의 반응은 다소 복잡했다. 많은 기업들은 "숙제가 하나 더 늘었다"며 우려를 표명했다. 참여 여부는 물론 계획에 담을 내용까지 모두 자율에 맡겨진 탓에, 오히려 작성이 더욱 까다로워졌다. 하지만 인센티브 부여 조건도 명확하지 않다는 불만이었다. 이제 기업들은 기존의 정형화된 공시와는 달리 종합적인 시각에서 현황을 진단하고 중장기 목표와 사업계획을 작성해야 하는 상황에 놓였다. 이는 기존 공시와는 완전히 다른 형식으로, 기업가치 제고 계획을 투자자와 주주에게 설명해야 하는 새로운 과제를 의미하는 것이었다.

그럼에도 불구하고 기업 밸류업 프로그램이 중장기적으로 저평가된 자본시장을 개선할 수 있는 기초임은 분명했다. 루이 암스트롱이 달에 첫 발을 디딘 후 한 말을 빌리면, 자율적 공시라는 'one small step (작은 한 걸음)'이었지만 한국 자본시장을 위한 'one giant leap (위대한 도약)'이라 할만 했다. 적어도 상장회사들에게 ROE (자기자본이익률), PBR (주가순자산비율)과 같이 시장과 주주를 기준으로 하는 지표를 고민해야 하는 과제를 던졌기 때문이다. 특히 그 밖에도 개별 기업이 산업 특징에 따른 성장단계를 고려해 중장기적 가치제고 목적에 적합한 지표를 선정할 수 있어, 다양한 투자 기준이 시장에 자리잡을 수 있을 것으로 기대되었다.

물론, 아무리 좋은 법이 있더라도 현실에서 쓰이지 않는다면 아무런 소용이 없다. 책 속에서 죽은 법전이 될 것이냐, 살아 숨쉬는 법이 될 것이냐의 문제는 다음 발걸음에 대한 의지에 있음이 분명했다. 계속 걸어갈 것이냐, 멈출 것이냐. 2024년 5월, '이복현이 쏘아 올린 작은 공'이 어디로 튈 것인지 시장의 관심은 집중되었다.

2024년 6월: 상법 개정

G

'이복현이 쏘아 올린 작은 공'.

    이 공은 예상보다 빠르게 시장으로 튀어 들어갔다. 금융감독원이 시장에 불을 지폈다. 6월에 금융감독원 후원으로 큰 세미나가 두 번 열렸다. 이사의 주주 충실의무를 명시하는 상법 개정이 필요하다는 관점에서의 토론회와 필요 없다는 시각에서의 토론회가 2주 간격으로 개최되었다. 상당히 학술적인 세미나였음에도 불구하고 수백 명의 청중과 기자들이 참석하는 등 시장 참여자와 언론의 관심이 대단히 뜨거웠다. 두 토론회에 모두 이 원장이 직접 참석해서 축사를 했다.

    수많은 언론에서 '상법 개정' 이슈를 다루니 주식 투자자들 뿐만 아니라 네이버와 유튜브 댓글에 상법 개정에 관한 내용이 자주 올라올 정도로 일반 대중들 사이에서도 이 문제에 대한 관심이 높아졌다.

대중의 관심사가 되니 찬성 측과 반대 측의 분위기가 더 뜨거워졌다. '주주에 대한 충실의무'는 법적으로 쉽지 않은 내용임에도 불구하고 기업과 경제를 다루는 단체나 조직에서 모두 반드시 알아야 할 상식적인 이슈로 떠올랐다. 법학전문대학원에서도 토론 대상이 되지 않아왔던 지극히 법적이고 이론적인 내용이 수많은 논평의 대상이 되고 직장인들의 점심 토크 주제가 되는 신기한 현상이 벌어졌다.

Monthly Focus: 6월 12일 vs 26일

토론회는 두 번의 라운드로 진행되었다. 먼저 6월 12일에는 자본시장연구원과 한국증권학회가 주최한 '자본시장 선진화를 위한 기업지배구조' 세미나가, 다음으로 26일에는 한국경제인협회 등 경제단체들이 공동 주최하는 '기업 밸류업을 위한 지배구조 개선 세미나'가 열렸다. 1 라운드에는 자본시장의 투자자 관점의 연구기관과 학계가, 2 라운드에는 기업의 경영자와 지배주주를 대변하는 단체가 모인 것이다. 이렇게 '주주에 대한 충실의무'라는 하나의 주제를 두고 찬성 측과 반대 측이 같은 시기에 대규모 세미나를 개최한 적이 없었기 때문에 시장의 눈이 6월 한 달 내내 이 주제에 꽂힐 수밖에 없었다.

Round 1 - 6월 12일, 투자자의 생각

　자본시장연구원과 한국증권학회의 세미나에서는 지난 수십년 동안 해결되지 않는 코리아 디스카운트 문제에 대한 의견이 쏟아졌다. 이복현 원장은 축사를 통해 기업 거버넌스 개선의 핵심으로 상법상 이사의 충실의무 확대를 언급했다. 그는 이사의 충실의무를 회사와 주주의 이익 보호로 확대할 필요성을 강조하면서도, 한국적 특수성을 고려해야 한다고 말했다. 한편 이사의 충실의무 확대가 배임죄 적용으로 이어지는 경우에 대한 우려도 있다고 하였다.

　발제에서는 이사는 물론 지배주주를 포함한 회사의 주요 의사결정권자에게 충실의무를 부여해야 한다는 의견이 강하게 제기되었다. 지배주주가 상장회사와 거래하기 위해 개인회사를 설립하는 불공정한 관행이 지적되었고, 주주간 이해충돌 문제를 근본적으로 해결하기 위해 회사법에 이를 규율할 수 있는 일반 규정 마련이 필요하다는 주장이 나왔다. 한편 일반 주주의 적극적인 의결권 행사를 촉진해야 한다는 의견도 나왔다. 주주 권한 강화와 권익 보호 장치의 실효성을 높이기 위해서는 일반 주주의 적극적인 의결권 행사가 중요하고, 기업가치 제고에 대한 관심을 유도할 수 있는 투자 문화 조성이 병행되어야 제도 개선의 실효성을 확보할 수 있다는 것이었다.

　현행 공정거래법의 한계도 지적되었다. 계열회사 거래를 통한 개인 지배구조를 막고자 공정거래법을 만들었지만 사실상 효과가 없었고,

사익편취 규제 역시 지분율만 낮추면 우회할 수 있다는 지적이 나왔다. 쪼개기 상장 등 이사 또는 지배주주가 전체주주의 가치를 훼손하는 사례가 반복되고 있는 문제를 해결해야 하지만, 이사의 주주 충실의무 도입과 함께, 이사의 책임이 과도하게 확대되지 않도록 하는 사회적 합의 도출이 필요하다는 견해도 토론에서 나왔다.

갑작스런 배임죄 폐지 논란

그런데 이 세미나 이틀 후인 6월 14일, 이복현 원장은 다소 갑작스러운 상법 개정 이슈 관련 기자회견을 열었다. 이 자리에서 그는 이사의 충실의무 강화와 배임죄 폐지를 동시에 추진해야 한다는 파격적인 제안을 내놓았다. 지배주주와 일반주주 모두에게 이익이 되는 구조를 만들기 위해 이사의 충실의무 대상을 주주로 확대해야 한다는 입장을 설명하는 동시에, 배임죄 폐지에 대한 의견을 밝혔다. 배임죄의 구성요건이 너무 추상적이어서 경영진에 대한 과도한 형사처벌로 이어질 수 있다는 것이었다. 배임죄는 선진국에서는 찾아볼 수 없는 제도라고 강조하면서, 경영자의 판단은 형사법정이 아닌 이사회에서 균형 있게 이루어져야 하며, 분쟁이 있을 경우 민사법정에서 금전적 보상으로 해결되어야 한다고 주장했다. 배임죄 폐지가 현실적으로 어렵다면, 정말 악의적인 행위에만 배임죄를 적용하고, 경영 의사결정에 대한 예측 가능성을 높이기 위해 경영 판단 원칙을 법제화하는 방안도 제시했다.

이 원장은 이러한 상법 개정과 배임죄 관련 이슈가 함께 다루어져야 한다고 강조했다. 그러나 이에 대해 정부 부처 간 합의된 결론은 아직 없다고 밝혔다. 이날 기자회견은 상법 개정을 둘러싼 논란이 커지자 이 원장이 직접 입장을 표명하기 위해 마련된 것으로 알려졌는데, 시장에는 주주 충실의무에 대한 논의보다 더 큰 놀라움을 안겨 주었다. 주주 충실의무는 합병, 분할, 계열회사간 거래 등 주주들 사이에 이익이 충돌하는 경우에 주로 적용되는 것이고 다소 어려운 주제였지만, 지난 수십년 동안 수많은 경영자들이 기소되고 처벌될 정도로 대중에게 익숙한 주제인 배임죄를 '폐지'하자는 주장은 대단히 강하게 느껴졌기 때문이었다.

Round 2 - 6월 26일, 경영자의 생각

2주가 지난 후, 한국상장사협의회, 코스닥협회, 한국경제인협회가 공동으로 주최한 세미나에서의 목소리는 완전히 달랐다. 우선 이 자리에도 참석한 이복현 원장은 축사를 통해 한국 자본시장의 코리아 디스카운트 해소를 위해서는 기업지배구조를 글로벌 스탠다드에 맞추어 개편해야 한다고 강조했다. 그리고 OECD의 기업 거버넌스 원칙을 예로 들며, 이사회의 회사 및 주주들에 대한 책임, 그리고 모든 주주들이 합당한 대우를 받아야 한다는 점을 언급했다.

　한편 이 원장은 동시에 기업 활동에 장애물로 작용하는 각종 법제도 등도 개선할 필요가 있다고 말했다. 그는 "국제적 정합성이 부족한 과도한 규제나 세금 부담 등 그동안 한국적 기업지배구조 특수성과 맞물려 기업 활동 예측 가능성을 저해해온 다양한 법적·제도적 장애요인은 제거할 필요가 있다. 창의적·모험적 기업 활동을 적극 장려하는 제도 개선도 가능하다"고 강조했다.

　이러한 발언은 일종의 당근책을 던진 것으로 이해되었다. 이 원장이 14일 제기한 '상법 개정과 배임죄 폐지의 병행 필요성'과 같은 맥락으로 볼 수 있었다. 그러나 이 원장의 이러한 '당근책' 제안에도 불구하고, 경영자 측 참석자들은 주주에 대한 이사 충실의무를 담은 상법 개정에 난색을 표했다. 기업 지배구조 개선 노력이 20여 년간 이어졌음에도 국내 증시는 제자리걸음 중이라는 점에 대해서는 이견이 없었지만, 해법이 달랐다. 주주에 대한 의무를 추가하는 것이 아니라 '기업 경영에 활력을 불어넣을 수 있는 입법적 개선'이 필요하다는 것이었다. 상법 개정으로 주주에 대한 충실의무가 명시되는 것에 대해서는 장기적 기업 발전을 저해하고 경영 현장의 혼란을 초래할 수 있다는 우려를 표명했다. 기업들의 신속한 경영 판단이 어려워지고 소송과 사법 리스크에 시달릴 가능성이 있다고 지적했다.

너무나 당연한 시각 차이와 아쉬움

두 번의 세미나는 주주에 대한 충실의무 명시라는 주제와 함께 한국의 기업 거버넌스 개선을 둘러싼 다양한 의견과 시각을 확인할 수 있는 자리였다. 정부와 기업, 학계의 입장이 서로 달랐고, 그 간극도 상당히 커 보였다. 글로벌 스탠다드에 맞는 기업 거버넌스 개선과 한국 기업의 특수성을 고려한 제도적 보완 사이에서 어떻게 균형을 맞출 것인가가 향후 중요한 과제가 될 것으로 예상되었다.

다만, 두 세미나를 통해 드러난 찬성과 반대 의견의 극명한 대비는 예상된 것이었다. 새로운 의무를 부과받는 당사자들이 반대하는 것은 자연스러운 현상이다. 그러나 이러한 대립 구도에서 기계적인 균형이나 합의를 추구하는 것이 과연 올바른 방향인지에 대해서는 의문이 들었다. 사회의 발전과 전체 이익을 위해 필요한 제도라면, 때로는 결정권자의 과감한 결단이 요구되기도 하기 때문이다. 6월의 논의는 대단히 역동적이었지만 아쉬운 점이 있었다. 제도의 필요성과 그 영향에 대한 깊이 있는 토론보다는, 반대론자들을 설득하기 위한 '당근책'에 지나치게 초점이 맞춰졌다는 것이었다.

이복현 원장이 제시한 당근책, 즉 상법 개정과 함께 배임죄 폐지를 검토하겠다는 제안은 분명 경영자들의 우려를 완화하려는 노력으로 볼 수 있었다. 물론 기업의 경영 판단 과정에서 벌어지는 일에 대해서 '형사적'으로 해결하는 것이 바람직하지 않다는 것은 하루이틀의 주제는 아니었다. 하지만 배임죄 (정확히는, 업무상 배임죄)가 회사의 경영자에게만 적용되는 범죄는 아니다. 또한 우리나라에는 미국식 디스커버리 (소송 전 증거개시) 제도가 없어 형사 절차가 증거를 확보하기 위한 수단으로 이용되고 있는 것이 현실이었다. 이렇게, 배임죄 폐지 논의는 너무 거대하고 디스커버리 도입 문제까지 엮이는 복잡한 문제였다. 아쉽게도, 이사의 주주 충실의무에 집중되어야 할 논의가 흩어지는 부작용이 있었다.

진지한 논의의 판이 깔렸다는 점은 바람직

코리아 디스카운트 해소와 자본시장 선진화라는 큰 그림을 그리는 것에 의견이 모아졌다면, 동시에 개별 당사자의 이해관계에 지나치게 얽매이는 것은 바람직하지 않다. 물론 기업의 우려사항을 경청하고 이를 정책에 반영하는 것은 중요하다. 그러나 그것이 필요한 변화를 지연시키거나 왜곡시키는 요인이 되어서는 안 된다.

2024년 6월, 주주에 대한 충실의무에 관한 강력한 찬성과 반대의 논의 과정에서 드러난 중요한 간극은 '주주'에 대한 인식의 차이였다. 경영자들의 생각과 이를 뒷받침하는 일부 법학자들은 일반주주를 회사 외부의 이해관계자 중 하나로 여기거나 같게 취급하려는 경향이 있음이 드러났다. 하지만 경제학이나 경영학의 관점에서 주주는 회사의 실질적 소유자다. 따라서 이사가 모든 주주의 이익을 위해 행동해야 한다는 것은 지극히 기초적인 원칙이다. 주주 아닌 협력업체, 지역사회 등 다른 이해관계자들의 이익도 고려하라는 ESG 요청 하에서도, 다른 이해관계자가 주주와 같은 정도의 보호를 받는 것은 아니다. 두 차례의 토론을 통해, 이러한 기본적인 인식의 전환 없이는 어떠한 제도 개선도 그 효과를 제대로 발휘하기 어려울 것이라는 난관이 드러났다.

물론 이사의 주주 충실의무 입법이 모든 문제를 해결할 수 있는 만능열쇠는 아니다. 하지만 우리 기업 거버넌스 개선의 중요한 첫 걸음은 분명하다. 이를 통해 기업 경영의 투명성과 책임성이 높아지고, 결과적으로 기업가치 상승으로 이어질 수 있다. 따라서 앞으로의 논의는 '어떻게 하면 이 원칙을 명시하지 않을 수 있을까'가 아니라, '어떻게 하면 이 원칙을 가장 효과적으로 도입하고 운영할 수 있을까'에 초점을 맞춰야 한다는 지적이 있었다. 기업들의 우려사항을 해소하기 위한 방안을 함께 모색하되, 그것이 입법 자체를 막는 걸림돌이 되어서는 안 된다는 의견이 공감을 얻었다.

여러 아쉬움이 있었지만, 수많은 사람들의 이목이 집중되었던 6월의 세미나와 이를 둘러싼 사회적 논의는 분명히 긍정적으로 평가할 만했다. 치열한 논의를 통해 드러난 찬반의 의견은 우리 사회가 기업 거버넌스 개선이라는 과제에 진지하게 접근하는 통로를 열었다. 하지만 이제는 단순한 찬반 논쟁을 넘어, 어떻게 하면 이 제도를 통해 우리 기업과 자본시장이 한 단계 도약할 수 있을지에 대한 건설적인 논의가 필요한 시점이 되었다. 정치권이 필요한 결단을 내리게 될 시점은 언제일지, 많은 이들이 기다리고 있었다.

[칼럼]
배임죄와 상법개정안 충돌에 대한 법률가적 시각은?

2024. 6. 11. 주주경제신문

상법개정안 급물살 타자 배임죄 우려 커지고 있지만
배임죄가 성립하려면 사무의 위임이 반드시 필요
주주충실의무 부과해도 배임죄 적용 가능성 희박

상법 개정, 정확히는 이사의 충실의무를 규정하고 있는 상법 제382조의3 개정에 대한 논의가 급물살을 타고 있다. 회사에 대해서만 충실의무를 지도록 한 내용에 주주, 즉 '주주의 비례적 이익' 또는 '총주주'를 추가하자는 논의다.

그러면서 한편에서는 주주에 대해서도 충실의무를 부담하게 되면 주주들이 이사를 업무상 배임죄로 고소하는 상황이 벌어지는 것 아니냐는 우려 또는 반론도 제기되고 있다. 하지만, 결론부터 말하면 충실의무나 배임죄 요건에 대해 정확히 따져보지 않아 생기는 오해인 것 같다.

우선 회사의 이사들이 업무상 배임죄의 형사책임을 지는 구조를 간단히 살펴보자.

배임죄는 '타인의 사무를 처리하는 자'가 비위행위를 저지르는 경우에 인정된다. 중요한 것은 '타인의 사무'다. 누군가의 일을 맡아서 하는 사람이 맡긴 사람의 지시를 고의로 어겨서 손해를 발생시키는 경우 형사처벌한다는 조항이다. 그러면 회사의 이사에게 일을 맡긴 사람은 누구일까?

상법 제382조 제2항과 민법 제680조를 같이 봐야 한다. 이렇게 중요한 내용을 상법이 직접 쓰지 않고 민법을 링크하고 있는 방식은 언제 보아도 불만이지만, 어쨌든 두 법전을 넘겨서 종합하면 이사에게 일을 맡긴 사람은 '회사'다.

정리하면, 회사는 이사에게 일을 맡겼고, 이사는 회사라는 '타인'의 일을 처리한다. 그러다가 고의로 회사의 이익에 반대되는 일을 해서 회사에게 손해를 끼치면 배임죄로 처벌될 수 있다는 거다.

그러면 주주에 대한 충실의무가 도입될 경우 주주가 이사에게 일을 맡긴 사람이 되는 것일까?

그렇지 않다. 충실의무를 정확히 알면 쉽게 이해된다.

충실의무의 기원은 미국이다. 미국에서는 일을 맡긴 사람과 일을 맡은 사람 사이의 관계가 수탁자 의무(fiduciary duty)로 정리되어 있다. 일을 맡은 사람은 최선을 다해 열심히 해야 하는 의무(duty of care, 선관주의의무)와 맡은 일을 하면서 자신 또는 일부 주주만의 이익을 추구하지 말아야 하는 의무(duty of loyalty, 충실의무)가 있다. 쉽게 말해 공과 사를 구분하라는 것이 충실의무이고, 꼭 회사를 생각하지 않아도 개인간에 일을 맡기고 맡는 관계를 생각하면 지극히 상식적이다.

그런데 반드시 직접 일을 맡기고 맡는 관계(위임)가 있어야 충실의무를 부과할 수 있는 것은 아니다. 주주는 회사라는 법인의 대표자로 이사를 뽑는다. 이사에게 직접 일을 맡긴 사람은 주주가 아닌 회사이지만, 이사는 뽑은 주주 전체의 이익을 위해 일해야 하는 것으로 구성할 수 있다. 사실 너무 자연스럽고 당연하다.

주주 한 명 한 명을 위해 일하라는 의미가 아니다. 평소에는 회사의 이익을 위해 최선을 다해 일하면 주주 전체의 이익이 된다. 회사의 결정이나 실적에 따라 어떤 주주의 주가는 오르고 어떤 주주의 주가는 떨어지는 것이 아니기 때문이다. 주식과 주주는 그 자체로 평등하다.

그런데 주주들 사이의 이익이 엇갈릴 때가 있다. 합병이나 분할 같이 회사가 아닌 주주들 사이에서 거래가 이루어지는 경우다. 그럴 때는 어떤 주주는 상대적으로 이익을 받고 어떤 주주는 그렇지 않은 경우가 생긴다. 예를 들어, 합병하는 두 회사 모두의 주주인데 어떤 한 회사에 대한 지분율이 높다면, 그 쪽으로 합병 비율이 유리하게 결정될 경우 그 주주의 이익이 된다.

바로 이럴 때 주주에 대한 충실의무가 적용된다.

합병을 결정하는 이사가 주주들 사이에서 공평한 거래가 되도록 해야 할 의무다.

주주가 이사에게 직접 어떤 일을 맡긴 것은 아니지만, 회사의 결정을 할 때 모든 주주를 공평하게 대우하고 주주들 사이의 이익 충돌을 해결할 의무가 이사에게 주어질 수 있는 것이다. 지금 나와 있는 법안 중 '주주의 비례적 이익'에 대한 충실의무가 조금 더 정확히 쓴 버전이다. 조금 더 쉽게는 '주주의 비례적 이익을 보호할 의무'가 되겠다. 이익을 보호할 의무이지만, 일을 맡았기 때문에 (위임) 생기는 의무는 아니니, 배임죄가 성립할 여지는 없다.

정리하면 이렇다.

- 위임 없으면 배임죄도 없다.
- 주주충실의무는 위임 없이도 규정할 수 있다.
- 고로 주주충실의무를 부과해도 배임죄와는 무관하다.

그래도 헷갈리면 주주 전체의 이익을 보호할 의무라고 입법하면 된다.

[칼럼]
최고의 경영권 방어 수단은 밸류업, 왜 자꾸 다른 무기를 달라고 하나

2024. 6. 27. 주주경제신문

주주충실의무 입법 급물살에 슬그머니 끼워넣기
경영권 안정과 낮은 주가, 두 토끼를 다 잡고 싶나

최근 정부의 기업 밸류업 정책의 일환으로 상법 개정, 즉 이사의 주주에 대한 충실의무 입법 논의가 급물살을 타면서, 슬그머니 경영권 방어 수단에 대한 요구도 다시 머리를 들고 있다. 일반주주에게 좋은 것을 하나 추가하려면 지배주주에게 좋은 것도 하나 추가하라는 기계적 교환의 관점에서 나오는 주장으로 보이는데, 사실 별다른 논리적 연관성은 없어 보인다. 전체 주주의 이익을 공평하게 보호하는 것은 상당한 지분율을 가진 대주주 사이에 벌어지는 경영권 분쟁과 별 상관없는 일이기 때문이다.

어쨌든 포이즌 필 도입이나 차등의결권 적용 확대를 주장하는 쪽의 논리는 이렇다. 현재 우리나라 상장회사의 지배주주 지분율은 20~30% 정도로 높지 않아서 외국자본에 의한 경영권 위협이 상존하고 있다. 그럼에도 불구하고 외국에는 다 있는 경영권 방어수단이 우리나라에는 없어서, 회사들이 불가피하게 회사 돈으로 자사주를 매입해서 소각하지 않고 보유하고 있다. 이런 현상 때문에 자본 효율성이 낮아지고 연구 개발이나 사업 확장에 자본이 투입되지 못하는 악순환이 계속되고 있다고 주장한다.

언뜻 들으면 그럴 듯한 논리이지만, 큰 오류 두 개가 있다. 하나는, 공금인 회사 돈으로 매입하는 자사주를 지배주주의 경영권 방어라는 사적 목적을 위해 쓰는 것을 너무 당연시하고 있다는 것이다. 공사 구분이 되지 않는 이 논의는 자사주에 관해서 너무 많이 해 왔으니 여기에서는 더 이야기하지 말기로 하자. 지금 이야기할 문제는 두 번째, 위 주장이 더 근본적으로 인위적인 '경영권 방어'가 왜 필요한지에 대해 말하지 않고 있다는 점이다. 여기에 대해 조금 더 생각해 보자.

외국자본이든 국내자본이든, 기관 투자자든 개인 투자자든 주식시장에서 주식을 사는 이유는 어떤 이유에서든 그 주식이 '싸다'고 생각하기 때문이다. 너무 상식적인 얘기다. 어떤 주식을 많이 살 수록 '싸다'는 생각에 확신이 강한 사람일 것이다. 경영 참여가 가능한 수준의 지분을 확보하려는 투자자는 보통 여기에 한 가지를 더 생각한다. '내가 하면 더 비싸게 만들 수 있다'는 것이다. 즉, 반대로 말하면 현재의 경영진이 경영을 잘 하지 못하고 있다는 생각이다. 이런 주주들 간의 경쟁은 매우 건강하며 경제에 활력을 불어 넣는 자본시장의 중요한 역할 중 하나다.

즉, 주식이 싸지 않으면(즉, 기업의 본질적 가치보다 시장에서의 가치가 낮지 않으면) 외국자본이든 국내자본이든 그 회사의 주식을, 그것도 경영에 참여할 수준의 많은 지분을 살 이유는 전혀 없다. 적정하거나 고평가되고 있는 주식을 굳이 사서 가격을 더 올리려고 할 투자자는 드물 것이라는 얘기다. 시장에는 본질적 가치보다 저평가되어 있는 주식들이 차고 넘친다. 따라서 주식의 가격이 오르고 기업의 본질 가치를 잘 반영하면 할 수록 그 회사의 경영권에 도전하는 다른 주주는 적어진다. 경영 열심히 하고 일반주주 환원 열심히 하면 지배주주의 경영권이 확고

해진다는 의미다.

그런데 왜 이렇게 쉬운 방법이 있음에도 불구하고 포이즌필(기존 주주들에게만 아주 낮은 가격으로 신주를 받을 수 있는 권리를 주는 것)이나 차등의결권(일부 주주들에게만 1주당 10개와 같이 더 많은 의결권을 주는 것)과 같은 인위적이고 주주평등에도 정면으로 반대되는 경영권 방어 수단을 계속 원하는 것일까?

경영권 안정과 낮은 주가라는 두 마리 토끼를 다 잡고 싶기 때문이 아닐까 싶다. 지배주주는 보통 주가 상승에 대한 동기가 일반주주와 다르다. 일반주주는 지분율보다 주가 상승을 원하지만, 경영에 대한 영향력이 중요한 지배주주는 주가보다는 지분율이 중요하기 때문이다. 특히 우리나라와 같이 20~30% 정도의 상대적으로 낮은 지분율로 경영권을 유지하고 있는 지배주주라면 한 주가 아까울 수 있다.

'밸류업 대신 경영권 방어 수단을 달라'는 주장은 사실 모순이다. 진정으로 밸류업하면 경영권 방어가 필요 없어지기 때문이다. 인위적인 경영권 방어 수단을 구하기보다는, 일반주주 보호와 주주 환원에 적극적으로 나서서 밸류업도 달성하고 경영권도 안정시키며 회사의 지속가능한 성장도 도모하는 현명한 선택을 하는 지배주주들이 늘어나길 기원해 본다.

2024년 7월: 한화, 두산, SK

G

그리고, 7월이 왔다.

    2024년의 하반기는 대기업 집단이 발표한 3인 3색의 구조개편 거래와 함께 활짝 열렸다. 5일에는 한화그룹 계열사인 한화에너지의 ㈜한화 지분 공개매수, 11일에는 두산그룹의 두산에너빌리티, 두산로보틱스, 두산밥캣이 관련된 대규모 구조개편, 그리고 17일에는 SK그룹의 SK이노베이션과 SK E&S의 합병 거래가 공시되었다. 모두 그룹 내 거래라는 점에서 공통점이 있었지만, 이유와 방식은 모두 달랐다. 한화에너지의 공개매수는 지주회사에 대한 추가 지분 확보 이외에 별다른 목적이 없어 보였다. 하지만 두산그룹의 복잡한 구조개편에 대해서는 이유와 방식 모두에 관해서 큰 논란이 일어났다. SK이노베이션의 합병은 전기차 배터리 회사인 SK온의 위기 극복을 위한 것이라는 점이 시장에 기정사실로 받아들여졌다. 자본시장의 7월은 불타는 태양만큼이나 뜨거웠다. 키워드를 하나로 뽑아내기 어려울 정도였다. 하지만 딱 하나를 꼽으라면 '두산'이 될 수밖에 없었다. 두산그룹의 대규모 구조개편안은 4년 전 LG화학이 배터리 자회사 LG에너지솔루션을 물적분할 후 상장하면서 일어난 논란 그 이상의 사회적 파장을 가져올 수 있는 화약고와 같았다.

Monthly Focus 1: 7월 5일, 한화에너지 공개매수

공개매수는 가격을 정한 후 주식시장 밖에서 모든 주주를 대상으로 주식을 사는 거래를 말한다. 보통 소수주주가 최대주주로 올라서고 싶을 때 많이 활용한다. 상장주식은 시장 안에서 살 수도 있지만, 거래량이 많지 않으면 짧은 시간에 많은 주식을 살 수 없다. 따라서 장외에서 사는 공개매수가 이용되었다. 다만, 시장 가격보다 높게 공개매수 가격을 정할 수밖에 없기 때문에 — 그렇지 않으면 아무도 응하지 않을 것이니 — 보안이 생명이다. 반대로 말하면, 공개매수 공시는 사전에 유출되지 않기 때문에 언제나 시장을 놀라게 한다.

그런데 7월 5일, 한화에너지의 ㈜한화 공개매수가 공시되었을 때, 시장은 그리 많이 놀라지는 않았던 것 같다. 소수주주나 제3자가 아니라 계열회사의 공개매수였고, 공개매수 가격이 전날 종가보다 약 7%

밖에 높지 않은 30,000원이었으며, 매수할 수량도 전체 지분의 8%까지만 산다고 했기 때문이었다. 개인 투자자의 경우 장내에서 주식을 팔면 증권거래세 0.18% 이에외 세금을 내지 않지만, 공개매수에 응해서 주식을 팔면 양도소득세 등 22%에 증권거래세도 약간 더 높은 0.35%를 내야 한다.[21] 따라서 공개매수를 통해 현실적으로 경제적 이익을 누릴 수 있는 ㈜한화 주주는 많지 않아 보였다[22].

그러면, 한화에너지는 이런 공개매수를 왜 했던 것일까? 지주회사인 ㈜한화의 지분 구조를 보면 이해할 수 있었다. 한화에너지는 김동관, 김동원, 김동선 3형제가 각각 50%, 25%, 25%를 보유하고 있는 개인회사이면서 한화그룹의 지주회사인 ㈜한화의 9.7% 주주였다. 그런데 ㈜한화는 김승연 회장 외 3형제를 포함한 특수관계인이 43.56%를 보유한 상태였다. 여기서 한화에너지가 8% 지분을 추가로 취득하면 한화에너지 자체의 지분율이 17.7%로 올라간다. 그리고 다른 특수관계인과 함께 지주회사인 ㈜한화에 대한 지분율이 51.56%로 올라간다. 공개매수가 끝나면 그룹의 지주회사에 대한 완벽한 과반수 지분, 강력한 지배력을 획득하게 되는 것이었다. 게다가 고질적인 '지주회사 디스카운트'로 인해 지주회사인 ㈜한화의 시가총액은 자회사들을 모두 포함한 순자산가치(NAV) 대비 26%에 불과한 상태였다 (PBR 0.26)[23]. 즉, 결국 자회사에 대한 지배력 행사를 목적으로 하는 지주회사의 특성상, 각 자회사들의 주식을 사는 것보다 지주회사 주식을 사는 것이 거의 4배 유리한 상태였던 것이다.

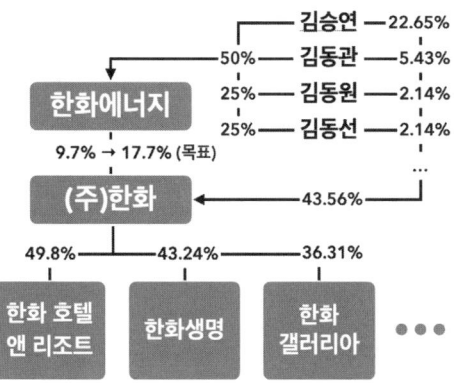

㈜한화의 일반주주 관점에서는 이렇게 크게 매력적이지 않은 공개매수에 특별히 응하지 않아도 되는 상황이었지만, ㈜한화의 주가가 연초 이후 30,000원을 넘은 적이 없었다는 점에서 일부 현금화의 수요가 있을 수 있었다. 한편, 공개매수로 특수관계인의 지분율이 50%를 초과하게 되면 주가가 더 떨어질 위험이 있기 때문에 이번에 공개매수에 응할 수밖에 없는 일종의 강압적 구조라는 비판도 있었다[24]. 현실적으로 특수관계인의 완벽한 지배력 행사가 가능해진 ㈜한화 주식에 대한 수요가 적어지기 때문이다.

결과적으로, 공개매수에 응한 ㈜한화의 일반주주는 5.2%였다. 이후 ㈜한화에 대한 한화에너지의 지분율은 14.9%로, 특수관계인 전체의 지분율은 48.76%로 올라갔다. 지주회사에 대한 절대적 과반수 획득에는 실패했지만, 사실상 과반수를 확보한 것이나 다름 없었다. 상장회사의 주주총회에는 주주들이 100% 출석하지 않기 때문이다. 이제 ㈜한화는 사실상 지배주주와 특수관계인이 주주총회 특별결의가 필요한 합병, 분할 등을 제외하고 모든 의사결정을 할 수 있는 회사가 되었다. 현실적으로는 상장회사의 주주총회 출석률이 70~80%이기 때문에 특별결의도 충분히 가능한 지분율이기도 했다. 나머지 일반주주의 주식은 모두 모아도 과반수가 어려운 상태가 되었으니, 공시된 공개매수 목적인 '책임경영'과 '주주가치 제고' 달성은 이제 오로지 지배주주와 특수관계인의 몫이 된 것이다.

Monthly Focus 2: 7월 11일, 두산그룹 구조개편

더 큰 사건은 다음 주에 나왔다. 11일, '두산그룹의 승부수', '시너지 극대화' 등을 알리는 대대적인 언론 보도와 함께 그룹 구조개편을 알리는 공시가 올라왔다. 두산에너빌리티(예전 두산중공업)가 자회사였던 두산밥캣을 분할합병 방식으로 다른 계열회사인 두산로보틱스의 자회사로 이전시킨 후 두산로보틱스와의 포괄적 주식교환을 통해 100% 자회사로 만든다는 내용이었다. 분할합병, 포괄적 주식교환과 같이 생소하고 복잡한 자본거래였기 때문인지, 두산그룹은 공시 이외에 설명자료를 시장에 공개했다. 당시의 설명자료 중 일부는 아래 그림과 같다.

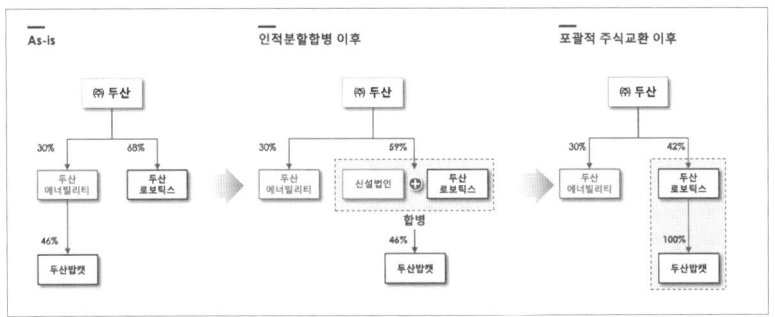

합병, 분할, 포괄적 주식교환과 같은 자본거래는 좀 어렵다. 특히 회사가 쪼개지고 붙는 과정에서 지분율이 바뀌고 특히 상장회사인 경우 각 회사 일반주주들의 유불리가 달라지는 경우가 많다. 위와 같은 구조 개편안이 발표된 후, 시장에서는 거래 순서대로 보면 크게 아래와 같은 세 가지 문제가 제기되었다.

첫째, 두산에너빌리티가 자회사인 두산밥캣을 떼어내는데 주주들이 적정한 가치를 평가 받는 것인지.

둘째, 떼어낸 두산밥캣 부문이 두산로보틱스와 합병하는데 두산에너빌리티 주주가 적정한 비율로 계산된 두산로보틱스 주식을 받는 것인지.

셋째, 두산로보틱스의 자회사가 된 두산밥캣이 포괄적 주식교환을 통해 100% 자회사가 되는데 두산밥캣 주주가 적정한 비율로 계산된 두산로보틱스 주식을 받는 것인지.

이 중 특히 셋째, 즉 두산로보틱스와 두산밥캣의 포괄적 주식교환이 적정한 비율로 이루어지는지의 문제가 먼저 가장 큰 논란이 되었다. 포괄적 주식교환이란, 자회사 주주에게 그 가치에 맞는 모회사 주식을 바꿔 주면서 모회사 주주가 되도록 하고, 대신 모회사가 자회사를 100% 소유하는 구조로 만드는 것이다. 이 때 가장 중요한 것은 자회사 주주에게 모회사 주식 몇 주를 주느냐의 문제다. 모회사 가치가 상대적으로 높을수록 자회사 주주에게 돌아가는 모회사 주식의 수가 적어지고, 반대로 모회사 가치가 낮게 평가되면 자회사 주주가 더 많은 모회사 주식을 받게 된다.

이 때, 모회사와 자회사가 모두 상장회사라면 자본시장법 시행령에 따라 자회사 주주에게 주는 모회사 주식의 수는 '직전 한 달 동안'의 평균 주가[25]로 계산하게 되어 있었다. 두산로보틱스와 두산밥캣이 딱 이런 경우였다. 그런데 문제는 이 두 회사의 경영 실적과 주가의 엇박자가 극과 극으로 대단히 심한 경우였다는 것이었다.

두산로보틱스	구분	두산밥캣
약 530억 원	매출액 (2023년)	약 9조 7천억 원
약 158억 원 손실	영업손익 (2023년)	약 1조 3천억 원 이익
약 5조 2천억 원	시가총액 (기준가)	약 5조 1천억 원

'날강도' 평가 받은 두산밥캣 포괄적 주식교환

두산로보틱스와 두산밥캣, 포괄적 주식교환 비율을 결정하는 직전 한 달간의 가중평균주가 기준으로 두 회사의 시가총액은 약 5조 원 남짓으로 거의 비슷했다.[26] 즉, 시장은 두 회사의 가치가 유사하다고 평가하고 있었던 것이다. 하지만 매출을 올리고 이익을 내는 회사의 실적으로 볼 때 두 회사의 차이는 어마어마했다. 2023년 기준으로 두산밥캣은 약 9조 7천억 원의 매출에 약 1조 3천억 원의 영업이익을 낸 초우량 회사였지만, 두산로보틱스는 약 183분의 1에 불과한 약 530억 원의 매출에 이익을 내지 못하고 약 158억 원의 손실을 기록한 회사였기 때문이다. 매출 규모만으로 거의 탁구공과 농구공의 차이인데[27] 이런 두 회사의 주식을 투자액 기준 1:1로 교환해야 하는 두산밥캣 주주들의 반발이 엄청났다.

한 외국계 투자사의 임원이 "한국에서는 이런 날강도도 생길 수 있다는 것을 깨달음"이라고 강하게 비판하는 등[28] 외국인 투자자들은 12일부터 두산밥캣 주식을 집중 매도하기 시작해 7 거래일만에 1942억 원을 순매도했다.[29] 이에 이 기간 동안 외국인 지분율이 42%에서 38%로 급락하고[30] 주가도 폭락하는 사태가 벌어졌다.[31]

두 번의 증권신고서 정정요구

두산밥캣 포괄적 주식교환 비율 외에도 두산에너빌리티 분할합병 방식과 비율 등에 대한 논란이 커졌다. 금융감독원은 24일 두산이 제출한 증권신고서에 대해 부족한 부분을 다시 쓰라는 정정요구를 하기에 이르렀다. 증권신고서는 상장회사가 새로 주식과 같은 증권을 발행할 때 금융감독원에 제출하고 공시해야 하는 서류다. 상장을 할 때 새로 주식을 발행해서 일반 대중으로부터 신청을 받는 것과 마찬가지로, 상장회사에서 합병이나 주식교환 같은 자본거래를 하는 것도 새로 주식을 발행해서 일반 대중에게 신청을 받는 것이기 때문에 똑같이 증권신고서를 제출해서 공시하게 된다.

이 때 두산의 거래도 증권신고서가 필요했다. 두산밥캣 주주들과 두산에너빌리티 주주들이 모두 원래 갖고 있던 주식을 두산로보틱스 주식으로 바꿔서 받는 거래였기 때문이다. 주주들은 이 신고서에 적힌 내용을 보고 거래에 대한 의사를 결정한다. 각자 갖고 있는 두산밥캣 또는 두산에너빌리티 주식을 제안된 비율로 두산로보틱스 주식으로 바꾸는 거래를 찬성할 지, 반대할 지, 반대했는데도 주주총회를 통과했다면 그냥 갖고 있을지, 아니면 회사에 되사달라고 할 지 (주식매수청구권 행사) 결정하는 근거 자료가 된다. 따라서 증권신고서라는 서류는 대단히 중요하고 혹시라도 거짓말이나 애매한 내용이 들어서는 안 되는 것이다.

금융감독원은 바로 이런 내용을 볼 권한과 의무가 있는 기관이다. 일반 주주들이 보기에 왜 그런 거래를 하는 것이며 그 내용이 판단의 근거가 될만큼 자세하고 구체적인지, 거래를 하는 이유는 이해할 수 있더라도 주식을 바꿔주는 비율이 불리하지 않은지 등을 충분히 이해할 수 있도록 작성되었는지 감독하는 기관이 바로 금융감독원이다. 미국의 SEC (Securities and Exchange Commission, 증권거래위원회)가 바로 같은 역할을 하는 정부기관이다.

두산은 7월 24일 자로 나온 금융감독원의 정정요구에 대해 8월 6일 일부 내용을 수정해서 다시 증권신고서를 공시했다. 하지만 크게 달라진 내용은 없었고, 기존 거래 방식과 비율을 그대로 고수하는 내용이었다. 시장은 정정된 증권신고서에 더 격렬하게 반응했다. 자본시장법 시행령에 따라 합병이나 주식교환 비율을 바꿀 수 없더라도 구조개편을 하는 목적과 배경, 일반주주 관점에서 어떤 좋은 점이 있는지에 대해 의문이 전혀 해소되지 않았다는 평가가 많았다. 금융감독원에서는 "증권신고서에 부족함이 있다면 횟수 제한 없이 정정 요구를 하겠다"는 목소리가 나왔고[32], 결국 8월 26일에는 두 번째로 증권신고서 정정요구가 나왔다.

이 때 금융감독원은 이례적으로 설명자료를 배포했다. 일각에서 '금융감독원이 합병 허가권자인가' 등의 비판이 있었기 때문으로 보인다. 하지만 증권신고서 검토는 금융감독원의 가장 핵심적인 본업 중 하나였기 때문에 이런 비판은 큰 오해였다. 금융감독원은 2차 정정요구를 하면서 정정요구의 취지를 상세히 설명했다. 즉, 두산이 7월 24일에 제출한 증권신고서에도 ①의사결정 과정 및 내용, ②분할신설부문의 수익가치 산정 근거 등 금융감독원의 요구사항에 대한 보완이 미흡한 부분이 있었기 때문에, 의사결정과 관련하여서는 구조개편을 논의한 시점과 검토 내역, 그간의 진행 과정, 거래시점 결정 경위, 구체적인 시너지 효과 등을 기재하고, 수익가치 산정에 있어서도 일반적으로 공정하고 타당하다고 인정되는 모형을 준수해서 미래 수익에 발생하는 효익에 기반한 모형을 적용해서 기존 방식과 비교하라는 취지라고 했다.

일부 철회 후 새로운 내용의 증권신고서 제출

결국 두산은 8월 29일, 앞에서 살펴본 거래의 3단계, 즉 두산밥캣을 두산로보틱스의 100% 자회사로 만드는 거래를 철회하겠다고 공시했다. '시장과 주주의 지지를 받지 못한다면 진행할 수 없다'는 것이 공식적인 이유였다. 다만 두산밥캣 지분 7.22%를 보유하고 있는 국민연금이 1주일 전인 8월 22일 SK이노베이션 합병 건에 대해 반대를 결정한 점이 영향을 미쳤을 것이라는 분석도 있었다[33]. 국민연금이 두산밥캣에 대해서도 주식교환을 반대한 후 지분 전부를 회사에 되사달라고 할 경우 (주식매수청구권 행사) 수천억 원의 현금이 유출될 수 있었기 때문이다. 다만 1단계와 2단계, 즉 두산에너빌리티의 자회사인 두산밥캣을 두산로보틱스의 자회사로 옮기는 거래는 철회되지 않고 한참 뒤인 10월 21일, 변경된 내용으로 다시 공시되었다.

변경된 내용도 두산에너빌리티에서 두산밥캣 주식을 가진 부분을 분할해서 두산로보틱스로 합병시키는 구조는 그대로였다. 다만 비율이 달라졌다. 두산에너빌리티에서 밥캣 주식 46%를 가진 가상의 투자회사가 분할될 때는 순자산평가에서 시가평가로 바뀌었다. 이에 따라 투자회사로 이전되는 부채를 차감조정한 후 최종 분할비율은 사업회사 0.88 대 투자회사 0.12가 되었다. 기존의 0.76 대 0.24보다 밥캣 부문 가치가 상대적으로 줄어든 것이다.

한편 이렇게 분할된 투자회사를 로보틱스와 합병할 때는 배당할인법 등 일반적인 수익가치 평가방법 대신 시가에 경영권 프리미엄 43.7%를 붙이는 독특한 방식을 이용했다. 이 수치는 지난 10년간 유사 사례를 평균한 값이라고 했다. 결국 두산에너빌리티 주식 100주를 보유한 주주가 받을 수 있는 두산로보틱스 주식의 수는 기존의 3.15주에서 4.33주로 늘어나게 된다는 설명이었다[34]. 10월 22일과 11월 8일에 각각 일부 내용이 자진 정정되었지만 실질적인 비율이나 방식의 변경은 아니었다.

이에 대해 금융감독원이 기자간담회를 통해 "계열사 가치평가를 정하고 이에 대한 논리와 타당성을 공시하면 될 것"이라고 밝히면서 시장은 금융당국의 추가적인 조치는 없을 것으로 이해하게 되었다[35]. 결국 금융감독원의 추가 정정요구 없이 11월 22일 6차 정정신고서의 효력이 발생했고, 비로소 공은 다음 단계인 주주총회로 넘어가게 되었다. 7월 11일에 최초 공시된 구조개편이 5개월 만에 최종 승인을 받을 수 있을지 시장의 관심이 모였다.

상장회사 자본거래 실무 발전에 중요한 계기

여름을 뜨겁게 달군 두산의 구조개편 건은 지금까지 관행적으로 이루어져 왔던 상장회사의 합병, 분할과 같은 구조개편에 문제점이 있다는 국민적 공감대를 만들었다. 인지도가 낮았던 '두산밥캣'이라는 단어에 대한 네이버 검색량 그래프를 보면 그 파급력을 잘 알 수 있다.

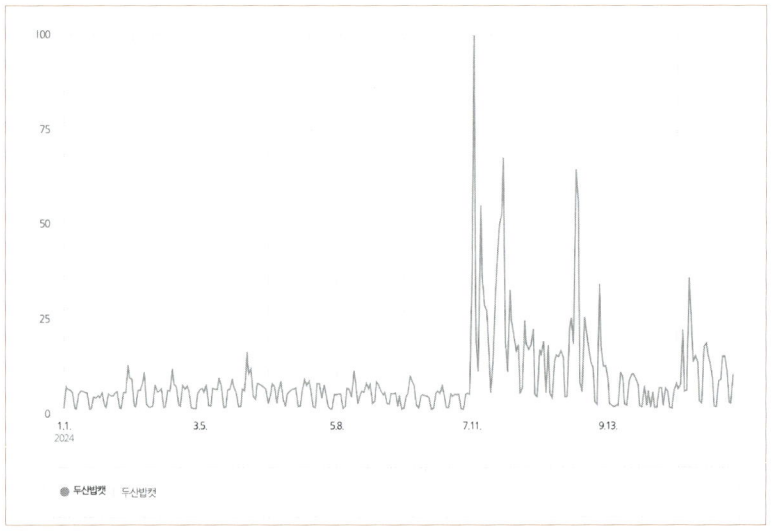

구조개편 발표 다음날인 7월 12일 '두산밥캣'의 검색량은 평소의 20배 이상 치솟았고 그 여파가 두 달 넘게 지속되었다. 두 번째 피크는 금융감독원 1차 정정요구가 나온 직후인 7월 26일이다. 세 번째는 두산밥캣의 포괄적 주식교환이 철회된 8월 29일, 네 번째는 변경된 구조개편 공시가 나왔던 10월 21일이다.

사실 회사가 계열 내 구조개편에 대해서 증권신고서를 발행하고, 일반주주들에게 최대한 쉽게 설명하고, 찬성을 권유해서 주주총회에서 안건이 통과되도록 설득하고 노력하는 것은 너무나 자연스러운 주식회사의 모습이다. 그리고 설득이란 어떤 일을 하고 싶은 사람이 '나에게' 이런 좋은 점과 이익이 있다고 말하는 것이 아니라 '상대방에 대한' 이익과 혜택을 말하는 것이 기본이다. 하지만 지금까지 우리나라의 증권신고서 실무는 전혀 그렇지 못했다. 합병의 '시너지'라는 것은 회사와 사업이라는 '나'의 관점에서만 기재되었다. 회사의 경영진과 이사회는 절반 이상을 차지하는 일반주주의 보호를 위해 어떤 고민을 해야 하는지 쟁점조차 잡지 못하는 경우가 대부분이었다.

하지만 이번 두산 구조개편 건이 중요한 선례가 되었다. 금융감독원이 증권신고서 작성에 관해 일반주주 관점에서의 명확한 가이드를 제시했기 때문이다. 회사들은 앞으로 합병, 분할 등 상장회사의 자본거래가 있을 때 일반주주 보호를 위해 고민해야 한다는 점을 널리 인식하게 되었다. 이제 구조개편을 하고자 하는 회사는 의사결정과 관련해서 구조개편을 논의한 시점과 검토 내역, 그간의 진행 과정, 거래시점 결정 경위, 구체적인 시너지 효과 등을 상세히 기재해야 하는 중요한 자본시장의 규칙이 생겼다. 기업가치 산정에 관해서도 시장에서 일반적으로 공정하고 타당하다고 인정되는 모형을 활용해야 하는데, 다만 자본시장법 시행령과 같이 상장회사에 관해서 이런 실무의 발전을 가로막는 장애물이 개정되어야 하는 문제는 아직 남아 있다.

Monthly Focus 3: 7월 17일, SK이노베이션과 SK E&S 합병

두산 구조개편 공시의 여진이 아직 가라앉지 않았던 그 다음 주 월요일, 이번에는 SK그룹의 구조개편을 위한 이사회 소집 소식이 조심스럽게 언론에 올라왔다. 봄부터 설왕설래했던 SK그룹의 배터리 회사 SK온을 살리기 위한 방안을 논의할 이사회가 17일 열린다는 소식이었다[36].

이미 시장에는 이사회 안건이 SK온의 모회사이자 상장회사인 SK이노베이션과 비상장회사인 SK E&S의 합병이라는 사실이 알려져 있었다[37]. 합병의 주요 목적은 10분기 연속으로 적자를 기록하고 있어 어려움을 겪고 있는 SK이노베이션의 자회사 SK온을 돕기 위한 것이었다. SK이노베이션은 석유와 배터리 사업을 하는 회사이고, SK E&S는 천연가스와 재생에너지 사업을 하는 회사다. SK E&S는 최근 좋은 실적을 내고 있어, 합병을 하면 SK온의 재정 문제를 해결하는 데 도움이 될 것으로 기대되고 있었다. SK그룹은 이 합병을 통해 SK온을 살리고 그룹 전체의 사업 구조를 개선하려는 것이었다.

하지만 이 합병은 원래도 쉽지 않은 결정이었다. 두 회사의 가치를 어떻게 평가할지, 그리고 두 회사 주주들의 동의를 어떻게 얻을지, 그리고 SK E&S에 큰 돈을 투자한 KKR이라는 투자회사를 어떻게 설득할지 이런 큰 산을 세 개나 넘어야 하는 길이었다. 그런데, 바로 전 주에 터진 두산의 구조개편 여파로 산이 더욱 높아진 분위기였다.

상장회사인 SK이노베이션 이사회에게는 기업가치를 시가로 평가할 지 순자산가치로 평가할 지에 대한 고민이 있었다. 자본시장법에 따르더라도 시가가 순자산가치보다 낮을 때에는 순자산가치를 선택할 수 있기 때문이다. 비상장회사인 SK E&S 이사회는 높은 것부터 낮은 것까지 몇 가지로 제시되었을 외부기관의 기업가치평가 결과 중 어떤 것을 채택할 지의 고민에 놓였을 것이다.

합병 비율은 1 : 1.19, 국민연금 반대 끝에 주주총회 통과

운명의 7월 17일, 합병비율에 관한 이사회 결의가 나왔다. SK이노베이션과 SK E&S = 약 1 대 1.19였다. 이는 SK이노베이션의 주당 합병가액을 11만 2,396원, SK E&S의 합병가액을 13만 3,947원으로 산정한 결과였다. 발행주식수를 고려한 두 회사의 기업가치는 각각 약

11.3조 원, 약 6.2조 원이었다. SK E&S에 대해서는, 시장의 예상 또는 우려보다 SK㈜의 지분율이 높은 이 회사의 기업가치를 높지 않게 산정했다는 평가가 많았다. SK이노베이션도 상대적으로 높은 자산가치가 아닌 기준시가로 합병가액을 정했다. 두 회사 이사회 모두 예상보다 '낮은' 가치를 선택했던 것이다.

항상 그렇듯 법적으로 문제가 없었지만, 왜 더 높은 가치를 선택해서 주주들에게 가장 유리한 선택을 하지 않았는지에 대해 의문이 있었다. 특히 SK이노베이션의 PBR(주가순자산비율)은 0.5 정도, 즉 시가총액이 순자산의 절반 수준이어서, 만약 이 회사가 자산가치를 기준으로 합병가액을 주장했다면, 합병비율은 1 대 0.55로 크게 달라질 수도 있는 상황이었다.[38]

SK이노베이션의 일반주주들에게 불리하다는 것은 합병 상대회사인 SK E&S의 주주, 즉 SK㈜에게는 유리하다는 의미다. 자산가치를 기준으로 했다면 SK㈜에게 새로 발행해야 할 주식 수가 줄어 SK이노베이션 주주들의 지분 희석이 덜했을 것이기 때문이다. 게다가 SK㈜가 SK그룹 전체의 지주회사라는 점도 고려하면 이해관계는 더욱 복잡해진다. SK㈜는 SK이노베이션과 SK E&S 지분을 각각 36%, 90% 보유하고 있어, SK이노베이션이 저평가될수록 합병법인에 대한 SK㈜의 지배력이 강화되는 구조이기 때문이다.

이러한 논란은 결국 이후 SK이노베이션의 6.2% 주주인 국민연금이 합병안에 대해 반대하기로 결정하는 가장 중요한 이유가 되었다.[39]

하지만 이번 합병은 단순히 합병 비율의 문제로만 보기는 어려웠다. SK이노베이션은 어려움을 겪는 SK온의 모회사로서 급하게 도움을 받아야 하는 상황이었다. 주가도 그런 의미에서 낮게 형성되고 있을 가능성이 있었고, 계열회사가 아닌 다른 회사와의 독립적인 협상을 해도 협상력이 높은 상황이 아니었다. 저자세로 돈을 구하더라도 일단 위기를 극복하는 것이 시급했을 수 있기 때문이다.

의결권 자문기관과 주주들의 판단은 나뉘었다. 글로벌 의결권 자문기관 ISS와 글래스루이스는 찬성을 권유했고, 세계 최대 연기금인 노르웨이 국부펀드(NBIM), 캘리포니아공무원연금(CalPERS)과 캘리포니아교직원연금(CalSTRS) 등은 합병에 찬성표를 던졌다. 하지만 국내 의결권 자문기관인 서스틴베스트는 반대를 권고했고, 캐나다연금투자위원회(CPPIB)는 의결권을 행사하지 않았다. 결국 국민연금의 반대에도 불구하고 8월 27일 SK이노베이션 주주총회에서 1 : 1.19 비율에 의한 SK E&S와의 합병안은 통과되었다.

비율보다 큰 문제, 선단식 경영의 재림에 대한 걱정

SK E&S 이사회가 왜 주주인 SK㈜, 궁극적으로 상장회사인 SK㈜의 전체 주주들을 위해 최선을 다해 높은 기업가치를 받으려 하지 않았을까, PBR 1 미만인 SK이노베이션의 이사회는 왜 자산가치로 평가

받기 위해 치열하게 노력하지 않았을까와 같은 문제는 잠시 한 켠에 밀어 두자. 하지만, 적어도 이러한 SK그룹 내의 구조개편은 30여년 전 우량한 계열사가 부실 계열사를 밀어주고 끌어주다가 IMF 구제금융 사태의 원인을 제공한 우리 기업집단의 소위 '선단식 경영'에 대한 걱정을 스물스물 떠오르게 했다.

돈을 잘 버는 계열사가 당장 어려움에 처한 계열사를 도우면 눈 앞의 불은 끌 수 있지만, 이런 방식의 지원이 계속되면 결국 전체 계열사가 경쟁력을 잃고 나아가 위기가 국가 경제 전체로 번질 수 있다는 것이 IMF 구제금융 당시의 교훈이다. 물론 SK온의 배터리 사업 소생을 위한 추가적인 지원이 필요한지 여부는 경영 판단의 영역임이 분명하다. 사업의 미래는 아무도 모른다. 하지만 적어도 그에 대한 치열한 논의는 있어야 하는데, 우량한 회사의 주주들에게는 왜 어려움을 겪는 회사를 도와주기 위한 합병을 감수해야 하는 것인지에 대한 깊은 토론의 기회가 주어졌을까?

이런 방식의 계열사 지원은 30년 전과 방식은 다르지만 목적과 결과는 같다. 정부가 순환출자를 지주회사 구조로 바꾸기 위해 많은 혜택을 주었던 중요한 이유 중 하나도 이런 계열회사 사이의 지원을 방지하기 위한 것이었다. 하지만 두산의 구조개편과 SK의 계열회사 합병은 모두 지주회사 구조 하에서도 자본거래를 통해 얼마든지 같은 목적을 달성할 수 있음을 보여주었다. 합병 후에도 SK E&S의 기존 사업 운용 체제, 의사 결정 구조 등은 큰 변화 없이 유지할 계획이고 시너지도 향후에 찾아보려 한다는 발언[40]은 걱정을 더욱 깊어지게 했다. 합병이 실제 거버넌스 변경이나 양사간 협업을 위한 것이 아니라는 의미로 들렸기 때문이다.

뜨거웠던 여름, 7월의 정리

이렇게 뜨거웠던 7월이 끝나가던 어느날, 한 언론에 두산 구조개편과 관련해서 시대의 흐름과 주주간 이해관계 충돌 문제를 뼈아프게 짚은 칼럼이 실렸다[41]. 이 칼럼은 "현시점에서 두산그룹이 풀어내야 할 숙제는 과거와는 차원이 다르다"고 진단하면서, "'현행법에 근거했기 때문에 문제가 없다'는 계산으론 어떤 형태의 투자자도 설득할 수 없다. 연간 1조원을 넘게 벌어들이는 기업(두산밥캣)의 주주들에게 100원도 이익을 못내는 회사(두산로보틱스)의 주식으로 바꿔주겠단 계획을 받아들일 투자자가 몇이나 될까?"며 이제 일반주주 관점에서 그룹의 구조개편을 바라봐야 한다는 점을 강조했다.

나아가 이 칼럼은 "최근 그룹을 향한 역풍을 예상하지 못했다면 투자자들의 눈높이를 읽어내지 못한데 따른 경영진들의 책임론이 불거질 것이다. 일련의 계획들이 실익이 명확한 소수의 결정으로 잘 짜맞춰진 것이라면 두산은 독선에 대한 견제장치가 전혀 작동하지 않는 위태로운 상황임을 보여준다."며 기업 거버넌스가 무너진 회사의 위험

성에 대해 강하게 경고하며 글을 마무리했다.

합병이나 분할과 같은 자본거래는 우리나라의 기업 거버넌스 관련 논란의 중심에 있어 왔다. 2015년의 삼성물산 합병, 2020년의 LG화학 물적분할이 대표적이다. 2024년의 주인공은 두산과 SK였다. 비슷한 거래였지만 시장과 대중의 시각은 점차 바뀌어 왔다. 삼성물산 합병때 엘리엇과 같은 외국인 투자자들에 대한 경계가 강했다면, LG화학 물적분할 때에는 일반주주들의 반발이 폭발적으로 터져나와 제도 개선의 물꼬가 되었다. 이제 올해 두산 구조개편에서는 시장의 반응에 의해 거래 구조와 내용이 실질적으로 변경되기에 이르렀다. 이제 기업들은 미리 일반주주의 이익을 고려한 자본거래를 설계해야 하는 새로운 과제를 받았다.

> **[인터뷰]**
> **"상법 개정이 만병통치약은 아니지만,
> 만병 막을 기본이 된다"**

2024. 8. 3. 주간경향

상법에 이사의 충실의무 대상을 '회사'에서 '회사 및 주주'로 확대하면 무엇이 달라질까. 기업 지배구조 개선을 논의하는 민간단체인 한국기업거버넌스포럼 천준범 부회장(47)은 "코리아 디스카운트 시대를 바꾸는 시작이 될 것"이라고 말했다. 그는 대형 로펌과 기업을 오가며 인수합병이나 경영권 분쟁 같은 정통 기업법부터 공정거래법 등과 관련된 소송을 주로 담당했다. 당시 경험을 바탕으로 〈법은 어떻게 부자의 무기가 되는가〉 등의 책을 펴낸 변호사이자 경영자문을 해주는 와이즈포레스트 대표이기도 하다. 주간경향은 지난 7월 30일 강남 사무실에서 천 대표를 만나 상법 개정의 의미를 물었다. 다음은 일문일답.

-최근 기업들이 대주주에게 유리한 구조개편을 하면서 일반 주주의 반발이 거세지고 있다.

"기업 활동을 하면서 돈을 더 많이 벌고 싶은 마음은 누구나 같다. '합법적으로' 돈을 벌 수 있는데 안 할 이유가 없다. 사회적 비난을 잠깐 감수하면 내 돈 한 푼 안 들이고도 수조원에 달하는 경제적 이익을 취할 수 있다. 한도 없는 회사의 복지카드를 받은 직원과 20만원 한도가 있는 복지카드를 받은 직원의 행동은 다를 수밖에 없다. 한 개인이나, 기업의 '도덕성'을 비난하고 끝날 문제가 아니라 (대주주가) 사익을 취해도 된다고 허용한 법의 잘못된 구조를 직시해 법을 만드는 사람들이 제대로 일을 하도록 하는데 에너지가 모였으면 한다."

–기업 간 합병 비율에 대한 논란도 끊이지 않는다.

"자본시장법 시행령을 고쳐 합병 비율에 대한 평가 기준을 바꾼다고 해도, 상법을 개정하지 않는 한 대주주에게 유리한 수십 가지의 옵션이 생겨난다. 합법적인 테두리 안에서 주식으로 돈을 벌거나 지배력을 높일 방법은 셀 수 없이 많다. 또 주주 사이의 거래인 합병에선 비율에 따라 주주 간 유불리가 갈려, 이사가 총주주를 위해 행동해야 한다는 원칙을 넣어야 주주의 재산권을 지킬 수 있다. 이사가 법령과 정관의 규정에 따라 총주주의 이익과 회사를 위해 직무를 충실하게 수행하도록 강제하지 않는 한, (이사는) 일반 주주에게 불리해도 (자신을 뽑아준) 지배 주주에 유리한 선택을 할 수밖에 없다. 아울러 선진국 중 이사회가 주주에 대한 의무를 갖지 않은 나라는 거의 없다. 한국이 밸류업을 위해 벤치마킹한 일본도 이사회가 주주에 대한 이익을 위해 책임을 지도록 명시하고 있다."

–정부가 추진 중인 밸류업에 대한 중간평가를 해달라.

"세제 개편 같은 지엽적인 대책보다 중장기적인 계획이 있었으면 좋겠다. 중장기적인 계획이 정확히 나와야 정부에 대한 신뢰가 생길 것 같다. 일반 주주들이 가장 바라던 금투세는 폐지를 못하고 재계가 원하는 상속세부터 인하했는데, 순서가 바뀐 것 같다. 일반 주주 권리 보호가 먼저 돼야 하는 데 가장 중요한 건 하지 못하고 연관성이 낮은 부분부터 개선에 나서는 것 같다. 정부 처지에서 생각하면, 전면 리모델링에 나서기 전 벽지 교체 등 작은 부분부터 시도하고 있는 것 같다."

–일하면서 만난 외국 투자자들의 한국 시장 평가는 어떤가. 기업거버넌스포럼

이 지난 7월 22일 서울 여의도 국제금융센터에서 개최한 두산밥캣 합병 세미나에서 미국계 펀드 테톤캐피탈의 션 브라운 이사는 '한국 시장에서는 이런 날강도 같은 짓도 생길 수 있겠다는 깨달음을 얻었다'고 말해 화제가 됐다.

"한국은 정책의 지속가능성이 없는, 언제든 뒤통수를 맞을 수 있는 나라라고 얘기한다. 그러다 보니 장기 투자를 하는 펀드는 대부분 빠져나가고, 워낙 주가가 저평가돼 있다 보니 단기 투자를 하는 이들이 남아 있는 것 같다. 제3자인 외국인이 보기에는 중국 공산당과 한국의 대주주가 큰 차이가 없다. 불투명하고 원칙이 없어 불확실성이 높은 시장이다. 그러다 보니 엔화가 낮아진 것과 맞물리면서 일본으로 외인이 대거 들어갔다."

"상법 개정 없이는 어떤 법을 만들어도 해결이 안 된다. 반드시 빠져나갈 구멍이 생긴다. 그걸 사전에 막자는 거다. 주주에 대한 충실의무가 도입되면 코리아 디스카운트 시대를 바꾸는 첫 시작점이 될 것이다."

-상법이 개정되면 구체적으로 어떻게 달라지나.

"우선 코리아 디스카운트의 원인이 한국 기업들이 사업을 못하는 것이라 오해하는 분들이 많은데, 그건 아니다. 한국 기업이 사업은 잘하는데 주주들한테 잘못하기 때문에 주식이 싸게 거래되는 거다. 지금은 지배 주주와 이사회가 한팀으로 움직인다. 회사에 이익인지 손해인지 모르면 지배 주주에게 이익이 가도록 결정한 것이 이사회에서 통과된다. 미국은 그런 거래를 하려면 이 거래가 공평하고 절차적으로 실질적인 조건으로 공정하다는 걸 이사회가 증명해야 한다. (일반 주주의 손해로) 지배 주주에게 과도한 이익이 취해지는 거래가 법으로 어렵게 되면 사업에 재투자해 경쟁력을 키울 수 있다. 또 주주 환원으로 배당이 늘고 장기적으로는 주가 상승의 원동력이 된다."

-재계에서는 인수합병(M&A) 추진 등 경영에 혼란을 줄 것이라고 우려한다.

"만약에 지배 주주가 합병하려는 회사의 지분이 있거나 이해관계가 있다면 얘기가 달라지겠지만, 일반적인 인수합병은 아무 상관이 없다. 지배주주하고 일반 주주가 이해관계가 다른 경우에만 이사에게 충실 의무 이슈가 생긴다. 인수합병이 성공하면 지배 주주와 일반 주주 다 좋고 실패하면 둘 다 망하는 거다. 이런 경우는 이해관계가 같아 충실 의무 사안이 아니다. 소송 분쟁 증가 우려도 기우다. 증권 관련 집단소송법 제정 후 20년이 지났지만 집단소송은 12건에 불과하다."

-재계에서는 상법 개정 시 부담을 느낀 기업이 상장하지 않아 활력이 떨어질 것이라고 주장한다.

"상장은 기업들이(회사 이익을 위해) 이자를 내지 않으면서 투자를 받기 위해 하는 거다. 상장해 달라고 기다리는 일반 주주는 없다(웃음). 실제로 기업 자문이나 CEO 교육을 하러 가면 상장 후 투자받은 돈을 언제든 내줄 수 있는 준비가 돼 있어야 한다고 강조한다. 퍼블릭 시장에 상장해 투자를 받았다면 목적이 제각각인 다수의 투자자와 소통하고, 주가 상승과 배당으로 돌려줄 책임과 의무가 있다."

-반발이 거센 상법 개정 외에 현행법을 천천히 바꿔나가는 방법은 없나.

"법은 작은 시행령 하나라도 바꾸고 만드는 데 큰 노력과 시간이 들어간다. 그 사이에 대주주의 이익을 늘릴 수 있는 새로운 방법이 계속 나오고, 법은 또 뒤늦게 규제에 나설 거다. 이왕 바꾸는 거 기본법을 개정해 수많은 사례에 적용될 수 있는 일반법으로 만들자는 거다. 상법 개정이 만병통치약은 아니지만, 만병을 막을 수 있는 기본이 된다. 상법 개정 없이는 어떤 법을 만들어도 해결이 안 된다. 반드시 빠져나갈 구멍이 생긴다. 그걸 사전에 막자는 거다. 규제에 실패한 법의 구멍을 막기 위해 주주에 대한 충실의무가 도입되면 코리아 디스카운트 시대를 바꾸는 첫 시작점이 될 것이다."

2024년 8월: 셀트리온

G

    셀트리온은 한국 바이오 산업의 성공 신화다. 2008년 설립 이후 불과 16년 만에 시가총액 40조 원을 넘는 대기업으로 성장했다. 특허가 만료된 바이오 의약품을 모방해 만드는 '바이오시밀러'라는 틈새시장을 공략해 성공을 거뒀다. 셀트리온은 주가가 폭등하면서 특히 개인 투자자들의 압도적인 지지를 받았다. 셀트리온 주주연대는 여러 이슈에 대해 비판의 목소리를 내기도 하고 경영자를 강력히 지지하는 모습을 보이기도 했는데, 2017년에는 3% 이상의 주식 수를 모아 임시주총을 개최해서 코스피 이전 상장 안건을 가결시키는 힘을 보여주기도 했다[42].

    셀트리온 그룹은 셀트리온, 셀트리온헬스케어, 셀트리온제약의 소위 '3형제'로 구성되어 있었고, 그 중 매출 계상 논란이 있었던 셀트리온과 셀트리온헬스케어는 2023년 말 합병했었다[43]. 그리고 남은 자회

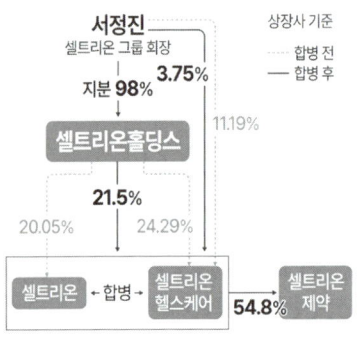

사 셀트리온제약도 합병할 것이라고 예상되고 있었다. 그런데, 셀트리온은 셀트리온제약 합병 문제에 관해서 우리나라에서 시도되지 않았던 새로운 방식을 들고 나와 주목을 받았다.

지배주주는 중립, 이사회 특별위원회가 일반주주 설문

셀트리온과 셀트리온제약은 양사 합병의 타당성 검토를 위해 사외이사들만으로 구성된 '1단계 특별위원회'를 만들었다. 그리고 주주 대상 설문조사 결과와 합병의 시너지·위험·외부평가 등을 다각도로 검토하기로 했다[44]. 주주 대상 설문에서 창업자 서정진 회장과 셀트리온홀딩스 등 특수관계인들은 중립을 지키고, 일반주주 설문결과 중 다수를 차지한 쪽에 보유 지분을 산입하는 방식으로 의견을 반영하기로 했다. 지배주주가 일반주주의 다수에 완전히 따르겠다는 의미였다. 주주총회가 아닌 설문조사 방식이었지만 이는 미국에서 주주간 이해충돌 사안에서 활용되는 '소수주주의 다수결(MoM, Majority of Minority)' 방식과 사실상 동일한 결과를 가져오는 방법이었다.

셀트리온은 셀트리온헬스케어와의 합병 이후 셀트리온제약과의 합병 추진 여부를 다각도로 검토해 왔으며, 이 과정에서 특별위원회를 통한 독립적이고 객관적인 평가가 필요하다고 판단했다고 밝혔다. 특별위원회는 독립적으로 진행되는 주주 의견 청취 설문에서 나온 결과를 포함해, 합병을 통해 기대하는 시너지 평가, 외부 중립 기관의 평가, 자금 평가 등 제반 사정을 종합적으로 반영해 합병의 타당성을 다각적으로 검토한 후 합병 추진 여부에 대한 최종 의견을 각 사 이사회에 제출하기로 했다. 그리고 합병에 타당성이 있다는 결과가 나오면 본격적인 합병 추진을 위한 '2단계 특별위원회'를 발족할 예정이었다.

두산 구조개편과 SK 합병에서의 논란과 실망이 짙게 깔려 있던 자본시장에 이런 셀트리온의 방식은 대단히 신선하게 받아들여졌다. 일단 방식을 공시한 후 일반주주를 '달래는' 방식으로 형식적으로 이루어진다는 비판을 받아온 다른 많은 기업들의 구조개편과 달리, 미리 일반주주와 진정성 있는 소통을 하고 약속을 지키는 모습이라는 점에서 긍정적 평가가 쏟아졌다. 설문은 셀트리온과 셀트리온제약의 합병에 대한 찬성 또는 반대 입장, 합병에 찬성 또는 반대, 기권하는 가장 큰 이유, 합병 시 기대되는 모습, 합병을 위한 선결조건 등으로 구성되었고, 2주 동안 공개적으로 진행되었다.

Monthly Focus: 8월 16일, 주주 설문 결과 발표

설문조사 결과가 나왔다. 셀트리온 일반주주들은 총 주주의 2.5%인 2,778명이 설문에 참여했는데, 이는 주식 수로는 발행주식총수의 50.6%에 해당하는 수량이었다. 결과는 찬성 8.7%, 반대 36.2%, 기권 55.1%로 나타났다. 약속한 방식과 같이 지배주주 지분을 반대 의견에 합산하면 찬성 4.0%, 반대 70.4%, 기권 25.6%가 되었다. 셀트리온 주주 3분의 2 이상이 합병에 반대한 것이다. 특히 반대 의견을 낸 주주 중 58%가 '합병비율'에 만족하지 않는다는 답변을 했다. 반면 자회사 셀트리온제약 일반주주들의 설문 결과는 찬성 67.7%, 반대 9.8%, 기권 22.6%였다. 3분의 2가 합병에 긍정적인 입장을 보인 것이다.

이러한 합병 당사회사 주주들의 상반된 결과는, 주가를 기준으로 해야 하는 상장회사의 합병 비율 계산 방식과 두 회사의 실적을 고려하면 어느 정도 예상된 결과였다. 14일 종가 기준으로 셀트리온 시가총액은 약 42조 원 (주가 19만 4600원 기준), 셀트리온제약은 약 3조 원 (주가 7만 7100원 기준)이었다. 2023년 기준으로 셀트리온은 당기순이익 5,397억 원에 PER(주가수익비율) 55배 정도로 낮지 않은 평가였지만, 셀트리온제약은 당기순이익 213억 원에 PER이 180배로 훨씬 높게 평가되고 있었기 때문이다. 셀트리온제약 주가가 고평가된 상황에서 양사가 합병을 추진할 경우 셀트리온 주식 가치가 희석될 가능성이 있다는 평가는 합리적이었다[45]. 반대로 실제 가치보다 더 많은 모회사 셀트리온 주식을 받을 수 있는 비율이라고 생각하는 셀트리온제약 주주들이 압도적인 찬성을 보낸 것도 자연스러운 일이었다. 결국 이 날 셀트리온은, 현 시점에서는 셀트리온제약과의 합병을 추진하지 않기로 결정했다고 공시했다. 셀트리온제약과의 합병을 통한 시너지가 존재하더라도, 다수 주주들의 반대 의견과 다양한 제반 사항을 종합적으로 고려했다는 설명이었다.

신선한 방식 후에 남겨진 과제는 시너지

우리나라에서 처음 시도된 계열회사간 합병에 대한 사전 주주 설문조사는 이렇게 합병 당사회사 양 쪽의 주주 의견이 극단으로 나뉘면서 마무리되었다. 시장에서는 이러한 셀트리온의 새로운 시도에 대한 긍정적 평가가 많았지만, 지배주주가 결정해야 할 사항을 일반주주에게 전가하는 것 아니냐는 비판도 있었다[46].

둘 다 경청할 만한 의견이었다. 우선 그동안 우리나라에서 계열회사간 합병에 관해서 일반주주들에게 실질적 결정권을 준 사례는 없었다. 미국에서만 보던 MoM(소수주주의 다수결) 방식이 현실에서 작동하는 것을 본 많은 자본시장의 참여자들은 우리 자본시장의 규칙과 문화가 한 걸음 진전된 것으로 평가했다. 분명히 이런 신선한 시도는 아주 좋았다.

하지만 원래도 모자회사 관계였던 셀트리온과 셀트리온제약의 합병이었다는 점은 생각해 볼 필요가 있었다. 자회사 셀트리온제약의 실적은 모회사 셀트리온의 연결 재무제표에 원래도 모두 반영되고 있었고, 모회사의 지분율이 54.8%였기 때문에 자회사 셀트리온제약의 의사결정 역시 사실상 셀트리온이 하고 있을 것으로 생각되었다. 만약 합병한다면 아마도 셀트리온제약은 셀트리온의 사업부 중 하나가 되는 정도의 변화만 있게 될 것이었다. 오히려 합병을 하면 자회사 임직원의 처우를 모회사 수준으로 높여야 하는 상황에서 인건비가 증가하거나, 셀트리온제약의 영업이익률이 낮은 관계로 합병 후 셀트리온의 영업이익률이 낮아지는 부작용이 우려된다는 의견도 있었다[47].

이렇게 사실 더 중요한 문제가 있었다. 바로 합병을 '왜' 하는가, 실제 시너지가 있느냐의 문제다. 우리나라의 기업집단 내 합병에서는 두리뭉실 넘어가지만, 원래 합병의 가장 중요한 목적은 '시너지'다. 합병하면 단순히 두 회사를 합친 것보다 더 많은 가치가 생긴다는 것, 즉 1+1=2가 아니라 3이 될 수 있기 때문에 합병을 하려고 하는 것이다. 비슷한 사업을 하는 두 회사가 공통 비용을 절감하거나, 원료와 제품의 수직적 관계에 있는 두 회사가 거래비용을 절감하는 식의 시너지, 같은 업종에서 연구능력이 강한 회사와 생산능력이 강한 회사의 합병 시너지 등을 생각할 수 있다. 그렇다면 우리나라 계열회사 간의 합병은 정말 '시너지'가 있는 것일까?

시너지가 있을지 불분명한 합병이라면, 다시 말해 1+1=2가 되는 합병이라면, 합병 당사회사의 주주들 의견이 정반대로 나뉘는 것은 자연스럽다. 나눠 가질 파이가 없어 제로썸 상황에 놓이기 때문이다. 모자회사의 합병에서 모회사 주주의 반대와 자회사 주주의 찬성이 극과 극으로 갈린 것은 어쩌면 구조적으로 예상되는 결과였다. 만약 이런 구조의 모자회사 합병이 성사되도록 하려면 현실적인 시너지가 있어야 한다. 규모의 경제이거나 비용 효율화이거나 무언가 명확하게 보이는 추가적인 이익이 있어야 한다. 이렇게 셀트리온과 셀트리온제약의 합병 중단은 우리나라 자본시장에 '절차적인 가능성'을 보여주었지만, '현실적인 시너지'라는 과제를 남겼다.

[칼럼]
남의 돈 받아 사업하겠다는 기업, 신뢰의 기본은 '투명성'

2024. 8. 20. 경향신문 〈천준범의 기승전 거버넌스〉

지난 한 달, 뜨거운 여름보다 더 뜨겁게 달아오른 곳이 있다. 바로 1400만 개인 투자자들이 모인 온라인 게시판이다. 이유는 약속이나 한 듯 비슷한 시기에 나온 세 대기업의 그룹 내 거래 때문이다.

한화는 세 형제의 개인회사인 한화에너지가 지주회사인 ㈜한화의 주식을 공개매수했다. 두산은 복잡한 분할합병·주식교환 등을 거쳐 그룹의 캐시카우이자 자회사 에너빌리티의 자회사였던 밥캣을 다른 자회사 로보틱스의 100% 자회사, 궁극적으로는 지주회사인 ㈜두산의 자회사로 편입하려고 한다. SK는 배터리 회사 SK온을 자회사로 두고 있는 상장사인 SK이노베이션과 비상장사인 SK E&S를 합병하려고 한다.

이러한 계열 내 지분비율 변경안에 관해 투자자들이 문제를 제기하는 공통적인 이유가 있다. 바로 지배주주와 일반주주 사이의 이해충돌이다. 복잡한 이익과 손해를 계산해보기 전에 더 쉽게 눈에 띄는 문제점이 있다. 회사에서 설명하는 내용과 여론이 생각하는 거래 목적이 다르다는 것이다. 그냥 '다 그런 거지'라며 넘기기에는 회사의 설명과 주주들 인식의 괴리가 너무 크다.

한화는 공개매수 목적으로 '책임경영 강화'를 들었다. 하지만 여론은 대부분 세

형제의 개인회사인 한화에너지가 지분율을 높여 현재의 지주회사인 ㈜한화를 지배하는 구조를 만들어 세대 간 승계를 달성하려는 목적으로 생각하고 있다. 두산과 SK도 마찬가지다. 두 그룹 모두 '장기적 성장' '경영 합리화' '기업가치 제고' 또는 '본원적 경쟁력 강화' 같은 일반론적인 목적을 공시·설명하고 있다. 그러나 여론은 두산의 분할합병과 주식교환 등은 그룹 내 캐시카우인 밥캣에 대한 실질적 지배력 강화 및 배당 증대를, SK의 합병은 배터리 회사인 SK온에 대한 지원을 목적으로 한다고 보고 있다. 시장 또한 그런 취지라는 것을 전제로 움직이고 있다.

안타깝게도 이런 거래에 대한 회사의 설명은 솔직하지도 투명하지도 않다. 애매하고 추상적인 말로 가득 차 있으니 신뢰도 생기기 어렵다. 차라리 '당장은 손해일 수 있겠지만 로봇 사업 제대로 해보겠다, 도와달라' 또는 '배터리 사업 조금만 더 도와주면 이렇게 잘할 수 있다'며 주주들에게 설득력 있는 구체적이고 체계적인 계획을 제시했다면 어땠을까?

금융감독원은 두산의 분할합병 등 거래에 대해 '증권신고서에 부족함이 있다면 횟수 제한을 두지 않고 정정 요구를 하겠다'는 입장이라고 한다. 증권신고서는 사실을 솔직하게 그대로만 쓰면 문제없는 문서다. 금감원은 거래의 실질적 내용에 관여할 수 없다. 주어진 정보에 따라 판단은 주주들이 하는 것이기 때문이다. 하지만 정보가 정확하지 않거나 구체성이 없다면 당연히 감독당국이 관여할 수 있고 그게 임무다. 이런 '투명성'은 일반 대중에게 돈을 받아 사업하는 회사의 기본적인 거버넌스 요소다.

회사를 상장한다는 것은 남의 돈, 그것도 사업에 관해 잘 모르는 일반 대중의 돈을 받아서 사업하겠다는 뜻이다. 상장으로 받는 대중의 자금은 '쉬운 돈'이 아니다. 가장 어렵고 무거운 돈이다. 일반주주 한 명 한 명의 돈은 은행이나 기관투자자

보다 훨씬 적지만 각 개인의 과거와 미래, 가계의 안정과 행복이 달려 있는 돈이기 때문이다. 따라서 회사를 상장해 기업을 공개했다면, 그에 맞는 투명한 의사결정과 주주에 대한 정보 제공을 위한 구조를 반드시 구축해야 한다.

최근 두산 등 거래 투명성에 대한 금감원의 엄격한 요구가 한 단계 발전한 자본시장의 실무를 해나가는 데, 코리아 디스카운트를 해소하는 데 초석이 되기 바란다.

2024년 9월: 고려아연

두 달 전의 공개매수는 맛배기였다. 여기, 진짜 공개매수가 왔다. 추석 연휴 전날, 국내 최대 사모펀드 운영사(PE)인 MBK파트너스가 잠재적 경영권 분쟁 중이던 영풍그룹의 핵심 계열사 고려아연 및 영풍정밀에 대한 공개매수 개시를 공시했다. 상장회사 주식에 대한 공개매수는 짧은 기간 동안 장외에서 지분율을 높일 수 있는 제도다. 주로 지분 경쟁에서 이용되는 방법인데, 우리나라에서는 그보다는 지배주주가 상장폐지를 위해 일반주주들의 지분을 매입해서 자발적 상장폐지가 가능한 95% 이상의 지분을 확보하기 위해 활용되는 경우가 많았다. 실제 목적인 지분 경쟁에 활용된 사례는 작년 2월 SM엔터테인먼트를 두고 벌어진 하이브와 카카오의 공개매수가 거의 유일한 예였다. 물론 작년 12월 한국타이어의 지주회사인 한국앤컴퍼니에 대해서도 공개매수 시도가 있었다. 하지만 최대주주 지분율이 42%인 회사에 대한

20% 이상의 공개매수임에도 불구하고 시가 대비 프리미엄이 18.9%에 불과해서 시장으로부터 다소 의아하다는 평가를 받은 바 있었다. 물론 중간에 매수가격을 올려 42.7%의 프리미엄을 주고 매입하는 형태가 되었지만 결국 최소 수량에 미치지 못하는 청약으로 실패했었다[48].

하지만 9개월 만에 MBK파트너스는, 3배 이상의 돈을 들고, 7배 넘게 큰 시가총액을 가진 회사 앞으로 돌아왔다. 다른 점이 있었다면, 이번에는 공동보유 약정을 한 주주가 1대 주주인 영풍(25.4%)이라는 점이었다. 우리나라의 상장회사 M&A 역사의 한 장을 쓸 대규모 공개매수가 시작되었다.

Monthly Focus: 9월 13일, 공개매수의 포문을 열다.

공개매수 가격 주당 66만 원, 목표 지분율 7.0% 이상 14.6% 이하. 최대 2조 원이 소요될 수 있는 MBK파트너스와 영풍의 고려아연에 대한 공개매수가 시작되었다. 함께 시작된 다른 회사에 대한 공개매수도 있었다. 고려아연의 1.85% 주주인 영풍정밀에 대한 공개매수다. 이 회사가 보유한 고려아연 지분 가치보다 시가총액이 더 낮았기 때문에 '가성비 있는' 추가 공개매수를 진행한 것이었다.

물론 완전히 하늘에서 떨어진 공개매수는 아니었다. 지진의 전조 현상과 같이, 2022년에 취임한 최윤범 회장 측과 영풍 측의 갈등은 2024년 들어 일촉즉발의 분위기로 흐르고 있었다. 3월에는 지난해 9월에 고려아연이 진행한 현대차그룹 계열사 HMG글로벌에 대한 제3자 배정 유상증자에 대해 신주발행 무효소송이 진행되었고, 주주총회에서 배당안과 정관개정안에 대해 표 대결이 있었다. 4월에는 고려아연이 영풍과 원료 공동구매 및 공동영업 계약을 종료하기로 했었다. 6월에는 영풍 측에서 경영을 맡고 있었던 고려아연 자회사 서린상사의 경영진이 최회장 측으로 변경되고 회사 이름이 KZ트레이딩으로 바뀌었다.[49] 7월에는 고려아연이 45년 만에 본사를 강남 영풍빌딩에서 종로 그랑서울 빌딩으로 이전했다. 결별의 수순을 밟고 있는 분위기가 확연했다. 9월 13일에 시작된 공개매수의 기간은 10월 14일까지. 이제 갈등이 완전히 수면 위로 드러난 양측의 숨가쁜 수싸움이 시작되었다.

Round 1. 공개매수 정당성 공방과 1차 공개매수가 인상

공개매수 이후 첫 목소리는 전혀 예상하지 못한 곳에서 터져 나왔다. 대상 회사가 공개매수 공시 이후 즉시 공개매수에 반대하는 의견표명서를 올린 것은 통상적인 대응이라고 볼 수 있었다. 하지만, 고려아연의 온산제련소가 위치한 울산시장이 휴일인 16일에 긴급 보도자료를 배포하며 공개매수를 비판한 것은 상당히 이례적인 장면이었다. 내용도 상당히 강했다. 공개매수를 '중국계 자본의 약탈적 인수합병'으로 규정하고 '모든 역량을 동원해 향토기업 살리기에 나서겠다'고 밝힌 것이다[50]. 이 소식은 추석 연휴를 앞두고 울산은 물론 전국으로 빠르게 확산되었다. '중국' 키워드는 이후 공개매수전이 끝날 때까지 회자되는 단어가 되었다.

연휴가 끝난 19일, MBK와 영풍은 기자회견을 통해 공개매수의 목적과 이유를 밝혔다. 주요 내용은 '무분별한 투자'와 '재무 건전성 악화'였다. 특히 설립 1년 밖에 되지 않는 전자폐기물 재활용 업체인 '이그니오(Igneo Holdings)'를 5800억 원에 인수한 점, 이사회 결의 없이 사모펀드에 약 5600억원의 회사 자금을 투자한 점 등을 문제 삼았다. MBK와 영풍은 이러한 '대리인 문제'를 해결하기 위해 공개매수 이후 이사회 감독 기능을 강화하는 기업 거버넌스 정상화를 추진하겠다고 밝혔다. 대리인 문제(agency problem)란 주식회사의 경영자가 주주가 아닌 자신의 이익을 우선하는 것을 의미하는 것이다.

고려아연도 24일 기자회견을 열고 공개매수의 부당성을 주장했다. 다만 최윤범 회장이 아니라 회사의 최고기술책임자(CTO)인 이제중 부회장이 마이크를 잡았다. 이 부회장은 영풍에 대해서는 "기업 사냥꾼인 투기 자본과 손잡고 고려아연을 노리고 있다"고 강하게 비판하고, "MBK가 고려아연을 차지하게 된다면 우리의 핵심 기술이 해외로 유출되고 대한민국의 산업 경쟁력은 무너질 것"이라고 주장했다. 이 날 고려아연 기술직 직원 20명이 이 부회장의 선창에 맞춰 영풍 인수를 반대한다는 구호를 외치기도 했다[51].

이렇게 공개매수 측과 회사 측이 한 번씩 기자회견을 통해 언론에 입장을 표명하는 동안, 시장은 고려아연 주가 변동 상황에 촉각을 곤두세웠다. 최초 공개매수 가격 66만 원보다 시장 가격이 높게 지속될 경우 MBK와 영풍이 공개매수 가격을 높일 수밖에 없었기 때문이다. 최 회장 측이 소위 '백기사(white knight, 우호적 주주)'를 구하기 위해 백방으로 뛰고 있다는 기사가 계속 나오면서 대항 공개매수 가능성에 대한 갑론을박이 이어졌다[52]. 주가는 기간 연장 없이 공개매수 가격을 올릴 수 있는 마지막 날인 26일까지 66만 원을 훌쩍 넘긴 70만 원 이상에서 형성되고 있었다.

결국, MBK와 영풍은 26일, 고려아연의 공개매수가를 75만 원으로, 영풍정밀에 대한 공개매수가는 기존 2만 원에서 2만 5천 원으로 올려 정정 공시를 했다[53]. 공개매수 종료일은 그대로 10월 4일이었다.

Round 2. 자사주 공개매수 이용한 이사회의 방어

하루가 다르게 새로운 소식이 쏟아져 나오던 9월이 지났다. 국군의 날이 임시 공휴일로 지정되면서 안 그래도 휴일이 많은 10월에 휴일 하루가 추가되고, 당사자들과 이해관계자들의 시간도 더 촉박해졌다.

10월의 첫 영업일이 된 2일, 중요한 전환점이 법원에서 나왔다. MBK와 영풍이 고려아연 회사를 상대로 제기한 자기주식 취득금지

가처분 신청에 대해 법원이 기각 결정을 한 것이다. 결정의 이유는 고려아연이 영풍이 공개매수를 할 때 동시에 주식을 취득할 수 없는 '특별관계자'가 더 이상 아니고, 자기주식 취득이 절차 위반 또는 이사의 의무 위반이라는 점이 소명되었다고 볼 수 없다는 것이었다.

고려아연은 '자기주식을 취득할 수 있다'는 법원의 결정에 따라 즉시 이사회를 소집하고, 바로 다음 영업일인 4일부터 약 5.87% 이상 15.5% 이하의 자기주식을 주당 83만 원에 취득하여 전량 소각하겠다고 공시했다. 글로벌 사모펀드인 베인캐피탈도 2.5%를 함께 취득하기로 했다. 나아가 최 회장 등이 영풍정밀에 대해서도 MBK와 영풍보다 높은 주당 3만 원에 공개매수에 나서겠다고 했다.

한편 이 날, 최윤범 회장은 직접 기자회견을 통해 자기주식 취득의 취지를 설명했다. 최 회장은 법원 결정에 따라 '고려아연이 적대적 M&A로부터 방어하기 위해 자사주를 취득하는 게 적법한 대응'이라는 점이 확인되었다고 강조했다. 자기주식 취득이 공개매수에 대한 방어라는 점을 명확히 했고, 대규모 자사주 매입 및 소각에도 불구하고 재무 건전성은 이상이 없으며, 신성장 사업을 위해 가장 적합한 경영진은 현 경영진임을 강조했다[54].

그러자 MBK와 영풍도 4일, 공개매수 가격을 83만 원으로 맞추고 매입을 위한 최소 수량을 삭제했다. 기존에는 청약이 7%에 미달하면 1주도 매입하지 않는 조건이었지만, 변경 후에는 1주라도 청약이 들어오면 모두 매입한다는 조건이 된 것이었다. 공개매수 기간도 10월

14일까지로 연장되었다.[55] 양 측의 매수 가격이 83만 원으로 같아졌지만 MBK와 영풍 측의 공개매수가 14일로 더 빨리 끝나고, 주주에 따라 세금 문제의 유불리가 나뉘는 경우도 있었다[56].

이러한 상황에서 10월 8일, 금융감독원이 상대 측 공개매수 방해에 관한 불공정 거래행위에 대해 조사에 착수하면서[57] 공개매수 관련 소비자 경보를 발령했다.[58] 다음 날인 9일, MBK와 영풍은 83만 원에서 더 이상 공개매수 가격을 올리지 않겠다고 선언했다.[59] 그러자 과연 고려아연이 자사주 취득 가격을 더 높일 것인지에 대해 시장의 관심이 집중되었다. 결국 11일, 고려아연 이사회는 자사주 취득 가격을 83만 원에서 89만 원으로 올리고 물량도 기존의 18%에서 20%로 확대하기로 결정했다. 최회장 등도 영풍정밀에 대한 공개매수 가격을 3만 5천 원으로 인상했다.[60] 이제 주말을 지나서 월요일에 종료되는 MBK와 영풍의 공개매수에 얼마나 청약이 들어가는지의 문제만 남았다.

Round 3. 공개매수 5.34%와 자사주 9.85%

10월 14일 월요일, MBK와 영풍의 공개매수 결과가 나왔다. 청약한 주주는 5.34%로, 최초 설정했던 최소 수량 7%에는 미치지 못했지만 상당한 지분을 추가해 기존의 33.13%와 합쳐서 38.47%를 확보했다. 최회장 측 지분 15.6%와 우호세력으로 분류되는 현대차, LG화학,

한화 등의 지분 18.4%를 합친 34.0%를 앞서게 되었지만, 최대 20%의 자기주식 매입 및 소각이 이루어지더라도 단독 과반수를 차지하지는 못하는 정도였다. 따라서 이제 고려아연의 자기주식 공개매수에 얼마나 많은 주주들이 청약하느냐, 그리고 그 전에 MBK와 영풍이 제기한 자기주식 공개매수 금지 가처분 사건에 대한 법원의 결정이 어떻게 나오는 지에 시장의 눈이 집중되었다.

그 주 금요일, 18일에는 2차 가처분 사건의 심문[61]이 있었다. 이 날 MBK와 영풍은 "고려아연의 자사주 공개매수는 최회장 개인의 이익을 위한 것으로 경영권 분쟁에 회사자금을 쓴다는 것 자체가 일반적으로 정당화되기 어렵다. 고려아연이 주당 89만원에 공개매수를 진행하면, 종전 주가보다 60%가 높아 회사에 1조 3000억원의 손해와 3조원이 넘는 부채를 발생시킨다"고 주장했다. 이에 대해 고려아연 측은 "MBK와 영풍도 공개매수가를 83만원까지 올렸는데 83만원은 실질 가치에 부합하고 89만원은 그렇지 않다고 단정할 근거가 없으며, 공개매수는 외부세력에 의한 적대적 인수합병에 대응해 회사의 기업 가치와 전체 주주 이익을 보호하기 위해 추진됐고, 최회장 일가의 경영권을 지키기 위한 것이 결코 아니고 공개매수가 이뤄져도 주주 지분율에는 변화가 없기 때문에 최회장 지배권이 강화되지 않는다"는 취지로 반박했다[62].

법원의 결정은 예상보다 빨리 나왔다. 주말을 지난 월요일, 자사주 공개매수 마감 이틀 전인 10월 21일, 법원은 MBK와 영풍의 가처분 신청을 기각했다. 절차적으로 이러한 경우 자사주 매입을 금지하는 규정이 없고, 이러한 절차를 준수한 이상 대규모 차입을 하거나 공개매수의 목적에 경영권 방어가 포함되어 있다고 해도 곧바로 위법하다고 할 수 없으며, 이사들의 의무 위반이라는 점에 대해 '증명에 가까울 정도로 충분히 소명'되었다고 보기 부족하다는 이유가 설명되었다[63].

가처분이 기각된 결과, 고려아연의 자사주 공개매수는 그대로 진행되어 23일까지 청약을 받았다. 그리고 28일 그 결과가 공시되었다. 고려아연은 9.85%의 자사주를 취득했고, 함께 공개매수를 진행했던 베인캐피탈은 1.41%를 매입했다[64]. 이에 따라 MBK와 영풍의 지분율은 38.47%, 최회장 측은 기존에 우호세력으로 분류된 현대차, LG, 한화에 베인캐피탈까지 합쳐 35.71%가 되었다. 고려아연의 자기주식이 기존의 2.4%를 합쳐 총 12.25%가 됨으로써 실질 의결권 기준으로는 MBK·영풍 43.84%, 최회장측 40.70%에 국민연금은 8.92%, 나머지 일반주주들이 6.54%를 차지하는 구도가 되었다.

Round 4. 시장을 뒤흔든 일반공모 유상증자

MBK와 영풍이 고려아연 이사회에 신규 이사 선임 및 집행임원제도[65] 실시를 위한 임시주주총회 개최를 요구하던 10월 30일, 고려아연 이사회는 대단히 놀라운 유상증자를 공시했다. 발행주식의 20%에 해당하는 약 2조 5천억 원 규모의 유상증자를 일반공모 방식으로 진행하기로 하면서 청약자 1인(특별관계자 포함)의 최대 한도를 전체 물량의 3%로 제한한 것이다[66].

이 유상증자 공시는 시장에 엄청난 충격과 놀라움을 안겼다. 공시 직후 고려아연의 주가는 하한가로 직행했다. 주당 150만 원을 넘나들던 당시 주가는 물론, 자사주 공개매수가였던 주당 89만 원보다도 훨씬 낮은 주당 67만 원 또는 향후 주가에 따라 그보다 더 낮은 가격으로 증자를 할 수 있다는 공시였기 때문이었다. '국민 기업화'를 위해 주주가 아닌 누구든 청약할 수 있는 일반공모 유상증자를 실시한다는 목적이었지만, 반대로 공개매수에도 응하지 않고 남아 있었던 고려아연의 기존주주들은 불이익이라는 의견이 나왔다[67]. 이번 유상증자에 응하지 않으면 지분율이 희석되는 상황이 되었기 때문이었다.

시장의 충격이 가시지 않고 논란이 커지던 중, 금융감독원이 나섰다. 31일 긴급 기자간담회를 열어 "자사주 매각에 이어 유상증자를 할 것이란 계획을 세워놓고 순차적으로 진행만 한 것이라면 공개매수 신고서엔 관련 내용이 없기 때문에 부정거래로 볼 소지가 다분하다"는 의견을 밝혔다[68]. 같은 날 이미 자사주 공개매수와 유상증자 관련 업무를 담당했던 증권사에 현장 조사가 실시되기도 했다. 결국 11월 6일, 금융감독원은 고려아연의 일반공모 유상증자 증권신고서에 대한 정정신고서 제출을 요구했다. 금감원은 "증권신고서를 검토한 결과, 유상증자 추진 경위 및 의사결정 과정, 주관사의 기업실사 경과, 청약 한도 제한 배경, 공개매수신고서와의 차이점 등에 대한 기재가 미흡한 부분을 확인했다"고 설명했다[69].

이후 고려아연 경영진과 이사회는 직접 투자자와 자본시장 전문가의 의견을 청취했다고 하였고, 회사는 3분기 실적 발표에서 "시장 상황 변화와 투자자분들의 우려, 감독 당국의 정정 요구 등을 미처 예상하지 못했다"고 사과했다.[70] 고려아연 이사회는 11월 13일, 결국 유상증자를 철회하기로 결정하고 이를 공시했다[71].

회사의 본질 가치와 주주 이익에서 출발하는 논의가 정착되길

대형 상장회사인 고려아연을 둘러싸고 9월부터 시작된 최대주주 MBK·영풍과 경영진 및 이사회의 힘겨루기는 아직 현재 진행 중이다.[72] 이 사건은 지금까지 우리나라는 물론 미국과 일본에서 있었던 수많은 유명한 M&A에 관한 기억을 소환했다.

우리나라에서 공개매수에 대한 방어를 위해 경영진과 이사회가 자사주 공개매수를 실시하는 것은 처음 있는 일이었다. 자연스럽게 시장의 기억은 39년 전 미국으로 향했다. 1985년의 역사적인 Unocal 케이스[73], 미국 석유회사 Unocal Corp.에 대한 Mesa Petroleum의 공개매수와 그에 대항하는 Unocal의 자사주 공개매수와 판박이처럼 비슷한 일이 한국에서도 일어난 것이었다. 그 때와 조금 다르다면 이번 공개매수를 주도한 영풍의 지분율은 33.13%였고 39년 전 Mesa는 13% 정도로 낮았다는 정도였다. 하지만 영풍은 MBK와 함께 최대 17%를, Mesa는 37%를 공개매수해서 과반수를 목표로 했다는 점에서 본질적으로 유사한 거래 시도였다.

39년 전 미국에서는 공개매수의 가격과 구조, 주주평등이 중요 쟁점이 되었다. 처음 Mesa가 제시한 주당 54달러가 너무 낮다고 판단한 Unocal의 이사회가 주당 72달러로 자사주 공개매수를 하면서 Mesa를 제외한 것에 대해, 1심인 형평 법원[74]은 주주평등에 위배된 공개매수로 보아 예비 금지 명령preliminary injunction을 내렸었다. 여기에 회사 Unocal이 항소했고, 최종심인 대법원[75]은 1심 결정을 뒤집고 회사의 주장을 받아들였다. Mesa의 공개매수가 기업 정책과 효율성에 대한 '위협'이라는 점을 이사회가 합리적 판단을 통해 인식했고, 그러한 위협에 대한 이사회의 조치가 '비례적'이라는 점을 인정했다. Mesa를 배제한 자사주 매입도 가능하다고 보았다.

이번 고려아연 건에서는 아쉽게도 매수 가격의 적정성에 대한 치열한 논의는 잘 보이지 않았다. 법원의 1차 및 2차 가처분 사건에서 가격 문제에 대한 정확한 판단이 나오지 않았고[76], 실제로 공개매수 가격이나 자기주식 취득 가격 및 유상증자 가격이 어떻게 산정되었는지에 대한 논의는 찾아 보기 어려웠다. 반면 이웃나라 일본에서는 인수 제안의 가격에 대한 관심이 뜨겁다. 바로 편의점 세븐일레븐을 운영하는 세븐&아이홀딩스에 대해 지난 7월 약 6조 엔 (54조 원)에 인수제안을 했다가 "기업가치가 과소 평가됐다"는 이유로 거절당했던 캐나다 회사 쿠쉬타르(Alimentation Couche-Tard)가 10월에 약 7조 엔 (63조 원)으로 가격을 올려 다시 제안을 했기 때문이다[77]. 물론 이 때도 회사가 일본 정부에 '핵심 기업' 지정을 요청하는 등 가격 외의 쟁점이 없었던 것은 아니지만[78], 적어도 가장 중요한 쟁점은 가격 문제다[79]. 그것이 바로 일반주주의 가장 큰 이해관계이기 때문일 것이다.

고려아연의 일반공모 유상증자 과정에서 주주가치에 대한 논의가 크게 다루어진 것은 어쩌면 다행이다[80]. 다만 주당 150만 원 이상으로 일시 폭등했던 주가만 기준으로 한 논의는 건강하지 않아 보인다. 회사의 본질적 가치가 어느 정도인데 신주 가격이 얼마로 정해졌는지, 기존 주주에게 우선권을 주는 방식이 아닌 일반공모 방식이 어떤 의미가 있는지 등에 대한 토론이 더 활발히 이루어졌으면 좋았을 것 같다는 아쉬움이 남는다.

[칼럼]
"경영권은… 움직이는 거야."

2024. 10. 1. 경향신문 〈천준범의 기승전 거버넌스〉

2000년대 한 통신사의 TV 광고가 있었다. 여자가 다른 남자와 데이트를 하는 것을 목격한 남자가 "상관하지 말라고?"라며 화를 내지만 여자는 "내가 니꺼야? 난 누구한테도 갈 수 있어!"라고 말하고, "사랑은 움직이는 거야"라는 혼잣말로 광고는 끝난다.

이후 "사랑은 움직이는 거야"는 N세대의 대표적인 카피로 시대를 풍미했다.

지난주, 최근 몇년 동안 잠재적인 경영권 분쟁 상태에 있었던 세계 최대 아연 생산회사인 고려아연을 상대로 우리나라 및 동북아 최대 규모의 사모펀드 운용사인 MBK파트너스가 공개매수 및 최대주주와의 주주 간 계약 등을 공시하면서 본격적인 지분 경쟁의 막이 올랐다.

잘 알려진 바와 같이 영풍은 1949년 최기호, 장병희 두 창업주의 협업으로 세워졌다. 이후 75년간 '한 지붕 두 가족' 체제로 동업을 해왔다. 1974년 온산제련소 운영을 위해 계열사로 설립된 고려아연은 최대주주가 장씨 일가 쪽이지만 경영은 최씨 일가 쪽에서 맡았다. 고려아연은 연간 매출 10조원을 바라보고 영업이익 1조원을 내는 알짜기업으로 크게 성장했다.

이번 MBK파트너스의 공개매수 공시 이후 다양한 이해관계자들의 목소리가 나오고 있다.

회사(고려아연)는 공개매수에 대한 의견을 통해 현 경영진을 지지하고 최대주주인 영풍과 공개매수자인 MBK파트너스에 대해 실패한 경영자, 기업 사냥꾼이라는 격한 비난을 쏟아냈다. 고려아연 온산제련소 등이 위치한 울산시의 시장은 MBK파트너스를 중국계 자본이라고 비난하며 이례적으로 현 경영진을 지지하는 성명을 발표했다.

많은 언론은 장씨 일가와 최씨 일가의 가족 간 분쟁으로 이번 공개매수를 보는 것 같지만, 기업 거버넌스의 관점에서 가족 간 감정은 복잡한 이해관계의 극히 일부에 불과하다.

한국뿐만 아니라 미국, 일본 등 회사에서 벌어지는 이해관계 충돌의 양상은 대부분 비슷하다. 최고경영자(CEO)를 비롯한 경영진은 높은 보상을 받고 회사의 돈을 쓸 수 있는 권한을 유지하고 싶다. 주주는 높은 배당과 주가 상승, 즉 높은 총주주수익률(TSR)을 원한다. 임직원은 안정적인 고용과 최소한 깎이지 않는 급여가 중요하다.

회사가 커지면 거래처, 지역사회 등 외부의 간접적 당사자들까지 이해관계자로 엮인다. 이쯤 되면 이제 그 지역 또는 국가 전체의 정치적 문제로 성격이 바뀌는 경우도 많다.

회사를 둘러싼 충돌이 커지고 당사자가 많아지는 것은 그만큼 그 회사가 보통 사람들의 삶에서 차지하는 비중이 크다는 의미와 같기 때문이다.

이번 고려아연을 둘러싼 직간접 당사자들의 이해관계도 이와 크게 다르지 않아 보인다.

그러면 당사자 모두에게 너무나 중요한 이런 분쟁과 충돌은 어떤 기준에서 해결되어야 할까? 경제 전체적으로 가장 중요한 하나의 기준을 꼽으라고 한다면, 필자는 '움직이도록 하는 것'을 들고 싶다. 관성과 기득권을 깨는 쪽으로 제도가 설계되어야 그 안에 숨어 있는 비효율이 빨리 제거되고 한정된 자원이 미래를 위해 투자되도록 할 수 있기 때문이다. '고인 물은 반드시 썩는다'는 말은 기업 경영에서도 대단히 유효하다.

그런 의미에서 이번 공개매수를 통해 '경영권은 움직이는 것'이라는 강한 공감대가 형성되길 바란다.

물론 그다음으로는 경영권이라는 단어 자체가 사라지길 바란다. 민주주의 국가의 권력도 항상 움직이고 움직여야 하는 것처럼, 시장경제의 기업이라면 누구나 언제든 가장 효율적으로 경영할 수 있는 판이 깔려 있어야 한다.

2024년 10월: 삼성전자

G

　9월 중순까지 열대야를 끌고 왔던 역대급으로 뜨거운 여름이 지나갔다. 그런데 내려가는 기온과 함께 속절없이 떨어진 것이 있었으니, 바로 한국 주식시장 시가총액의 18%를 차지하는 삼성전자 주가였다. 8월을 74,300원으로 마친 삼성전자 보통주의 가격은 9월을 마치는 날 61,500원이 되었다. 한 달 동안 무려 18.4% 떨어진 것이다. 10월 들어서는 결국 6만 선이 무너지고 '5만 전자'가 되어 마지막 거래일인 31일에도 59,200원에 그쳤다. 주가가 3년 전으로 돌아간 것이다. 스물스물 나오던 '삼성전자 위기론'이 폭발했다. 9월부터 증가하던 '삼성전자 위기, 삼성 위기' 네이버 검색량이 주가에 정확히 반비례해서 폭증했다. 삼성과 함께 한국 경제가 흔들린다는 불안감이 확산되었다. 과연 삼성전자를 누가, 어떻게 살릴 수 있을 것인가?

Monthly Focus: 10월 8일, 부회장의 사과

3분기 잠정 실적 발표일이던 8일, 삼성전자 반도체 부문의 대표인 전영현 부회장이 실적 부진에 대해 공개 사과문을 발표했다. 창사 이래 처음이라고 했다. 삼성전자는 3분기 매출 79조원, 영업이익 9조 1000억원의 잠정 실적을 발표했는데, 2분기 대비 매출은 6.66% 올랐지만 영업이익은 12.84% 하락한 수치였다. 영업이익은 증권가 전망치 (10조 7717억원)보다 약 15% 밑도는 것이어서 어닝쇼크로 받아들여졌다. 전 부회장은 고객과 투자자, 임직원들에게 사과의 뜻을 전하며, 경영진의 책임을 인정하고 위기 극복을 위한 강한 의지를 표명했다. 그는 기술의 근원적 경쟁력 복원, 미래에 대한 철저한 준비, 조직문화와 업무 방식의 혁신을 주요 개선 방안으로 제시했으며, 특히 도전정신을 강조하면서 현장에서 발견되는 문제점들을 적극적으로 개선하겠다는 의지를 밝혔다[81].

사실 9월 들어 삼성전자 주가가 속락하면서 시장에서는 수많은 원인 분석과 해법에 대한 의견이 나왔었다. 내부의 임직원으로부터 회사에 기술보다 관리를 중시하고 보신적이며 경직된 기업 문화가 생겼다는 증언이 나왔다. 쉽게 말해 '문제를 숨기거나 회피하고 희망치만 반영된 비현실적인 계획을 세우는' 조직 문화가 생겼다는 것이다[82]. 8일 발표된 전 부회장의 사과문은 이런 내부의 비판을 인정한 것으로 보였다. 하지만 여러 해 동안 쌓인 조직의 문제는 한꺼번에 해결되지 않는다. 한두 명의 문제가 아니라 모든 조직의 문제여서 일부의 인적 쇄신으로 잘 해결되지 않고, 개인의 문제가 아니라 가족의 생계가 걸린 문제여서 더 어렵기도 한 것이다.

해법은 회장의 등기이사 복귀? 자사주 소각?

위기감이 점차 고조되고 있던 15일, 때마침 삼성 준법감시위원회는 연간 보고서를 발간했다. 이 보고서에서는 위원장의 발간사를 통해 위기 극복을 위해 '경영 판단의 선택과 집중을 위한 컨트롤 타워의 재건, 조직 내 원활한 소통에 방해가 되는 장막의 제거, 최고경영자의 등기임원 복귀 등 책임경영 실천을 위한 혁신적인 지배구조개선이 있어야 한다'고 진단했다. 많은 언론에서 이재용 회장의 등기 임원 복귀가 필요하다는 논조의 기사가 나왔다[83]. 하지만, 이재용 회장은 이건희 선대회장의 4주기 추도식에서도 별다른 발언이 없었고[84], 취임 2주년을 맞은 날도 별다른 공식 행사나 언급이 없었다[85].

첫 번째 해법으로 볼 수 있는 움직임은 한 달 만인 11월 15일에, 공교롭게도 삼성전자 주가 5만 원이 무너지고 49,900원으로 마친 바로 다음날 나왔다. 자사주 매입 및 소각이었다. 이 날 삼성전자는 주주가치 제고 등의 목적으로 총 10조 원의 자사주를 매입하기로 하고, 그 중 3조 원 어치는 3개월 내에 매입해서 전량 소각하기로 결정했다. 그리고 나머지 7조원 규모의 자사주에 대해서는 자사주 취득을 위한 개별 이사회 결의시 주주가치 제고 관점에서 활용 방안과 시기 등에 대해 다각적으로 논의해 결정할 예정이라고 밝혔다.

4세 승계 포기의 궁극적 대안은 무엇일까

삼성전자의 이재용 회장은 2020년 5월, 승계 문제와 관련한 사과를 하면서 "이제 경영권 승계 문제로 더 이상 논란이 생기지 않게 하겠다", "제 아이들에게 회사 경영권을 물려주지 않을 생각"이라고 하며 4세 승계 포기를 선언한 바 있다[86]. 이후 삼성이 외부 컨설팅을 통해 이사회 중심의 기업 거버넌스 개편을 추진한다거나 하는 소식은 간간히 들렸지만[87] 준법감시위원회가 가끔 활동을 알렸을 뿐 거버넌스 변화에 관해서 특별히 가시적인 진행은 없었다[88]. 2023년 12월에는 삼성물산의 외국인 투자자인 팰리서 캐피탈$^{Palliser\ Capital}$이 지주회사 전환 방식의 주주제안을 하기도 했지만[89] 역시 별다른 변화는 없었다.

삼성전자는 여러 모로 경쟁자인 대만의 TSMC와 비교된다. 사업의 위기가 분명해지자, 그 중에서도 특히 이사회 구성 문제가 중요하게 지적되었다. TSMC의 이사회 의장 겸 최고경영자(CEO)는 예일대 전기공학 박사 출신으로 텍사스인스트루먼트, ST마이크로, 차터드 반도체를 거쳐 1998년 TSMC에 합류한 후 25년 이상 근무한 반도체 전문가인 웨이저자^{魏哲家}다. 사외이사들의 면면도 큰 차이가 있다. TSMC 사외이사 7명 중 6명이 외국(미국 5, 영국 1) 국적이고 반도체를 비롯한 세계적 정보기술(IT) 기업의 CEO 출신이거나 학계의 권위자임에 반해[90], 삼성전자의 사외이사는 모두 한국인이고 금융전문가와 전직 관료가 대부분이다.

물론 삼성전자와 TSMC는 태생도 조직문화도 완전히 다른 회사이기 때문에 TSMC의 거버넌스가 삼성전자에도 좋다고 할 수는 없다. 그리고 아무리 훌륭한 거버넌스라도 하루아침에 삼성전자 같이 큰 회사에 적용되어 조직을 바꿀 수는 없다. 하지만 적어도 문제가 드러난 이상 근본적인 해결 방안과 새로운 대안이 나와야 할 때가 된 것 같다. 4세 승계를 하지 않는다면 어떤 방식으로 회사의 최종 의사결정자를 정할 것이며, 가장 훌륭한 사람이 그 자리에 오를 수 있는 시스템을 어떻게 만들 것인지 깊은 고민이 있어야 할 것 같다. 전문 경영인에게 맡긴다면 누가 어떤 검증 절차를 거쳐 추천하고 주주들에게는 어떤 방식으로 승인을 받을 것인지 등 생각할 문제들이 끝도 없을 것이다. 삼성전자가 새로 만드는 길을 우리나라의 수많은 다른 회사들이 따라가게 될 것이니, 앞으로의 행보가 더욱 궁금하고 주목되는 이유다.

2024년 11월: 금융투자소득세

G

　세금을 더 내고 싶은 사람은 없다. 하지만 모두가 세금을 내지 않는다면 정부와 국가를 유지할 수 없다. 조세정의에 따라 소득이 있는 곳에 세금이 있어야 한다. 하지만 세금이 없던 곳에 세금이 생기면 일부라도 돈은 다른 곳으로 빠져나갈 것이 분명하다. 주주 보호도 부족한데 세금만 걷어가도 되는 것인가….

　튜토리얼도 없고 시뮬레이션을 돌려볼 수도 없는 문제. 금투세 이슈는 2024년 한 해 내내 주식시장은 물론 정치권을 뒤흔들었다. 세금 문제는 원래 파급력이 크다. 이슈는 개인과 가깝고 쉬울 수록 확산되기 쉬운데, 세금이 새로 생긴다는 것은 지갑의 돈이 바로 그만큼 없어진다는 의미이니 얼마나 가깝고 쉬운가. 하지만 금투세 키워드는 그 이상이었다. 여야 합의 번복의 문제는 시작일 뿐이었다. 부자와 서민의 문제, 자본과 노동의 문제, 정의와 불공평의 문제, 코리아 디스카운트의 문제…. 우리 사회와 경제의 모든 문제를 빨아들일 듯 모든 정치인과 국민을 논쟁의 장으로 끌어들였다. 사실 금투세 이슈는 기업 거버넌스와는 관계 없는 문제로 생각되기도 했다. 하지만 코로나19 이후 지난 몇 년간 코리아 디스카운트 해소와 기업 거버넌스 개선을 가장 절실하게 외쳤던 가장 큰 동력, 1400만 개인 주식 투자자들의 수익률에 관한 문제라면 어떨까?

Monthly Focus: 11월 4일, 민주당의 금투세 폐지 동의

새해와 함께 시작되어 한 해를 끌어오던 이슈가 결국 이 날 종지부를 찍었다. 금융투자소득세에 대해 민주당 이재명 대표가 "한국 증시가 너무 어렵다"며 정부의 폐지안에 동의한다는 의견을 밝혔기 때문이다. 이 날 이 대표는 "증시가 정상을 회복하고 기업의 자금 조달, 국민 투자 수단으로 자리 잡을 수 있도록 상법 개정을 포함한 입법과 증시 선진화 정책에 총력을 기울이겠다"라고 말하기도 했다[91].

원래부터 폐지를 당론으로 정하고 있었던 여당은 즉시 환영했지만[92], 오히려 야권 내에서 비판이 쏟아졌다. "금투세 폐지는 눈앞의 표만 바라본 결정", "프레지덴셜하다(대통령스럽다)는 말에서 깨어나라"는 강한 발언까지 나왔다. "재벌의 지배구조 해결 없이 금투세를 폐지하겠다는 건 책임정치가 아니다"라고도 했다[93]. 하지만 민주당은 이미 한

달여 전 당론 결정을 집행부에 위임했었기 때문에 이 한 마디로 여야 합의는 사실상 이루어진 것과 같았다. 시장은 즉시 반응해서 코스피는 1.83%, 코스닥은 3.43% 상승 마감했다. 특히 개인 비중이 높은 코스닥 시가총액 상위 종목들의 상승세가 두드러졌다[94].

사실 2024년 한 해가 아니라 2년 전부터 시작된 이슈였다. 2020년 12월 국회를 통과한 금투세는 원래 2023년 시행 예정이었으나, 2022년 대통령 취임 후 시행시기를 2년 유예하겠다고 하면서 2025년으로 도입이 미뤄졌었기 때문이다. 2024년으로 넘어오면서 유예가 아닌 금투세 폐지가 추진되었고, 이후 한 해 동안 크게 세 번의 굴곡이 있었다.

세 번의 굴곡을 거쳐 다소 허무하게 정리되다

첫 번째 파장은 4월, 총선에서 민주당의 압승이 확정되면서 나왔다. 정부와 여당의 금투세 폐지 추진 동력이 사라질 것으로 우려한 사람들이 금투세 폐지 청원을 시작했고, 기준선인 5만 명을 넘어 청원 심사를 받게 된 것이다[95]. 공교롭게도 4월 10일 총선 이후 코스피 지수는 2,700선에서 폭락하기 시작해 일주일 만에 2,584까지 하락하면서 주식시장에 찬바람이 불고 있었다. 하지만 같은 기간 동안 일본의 니케이225와 미국의 S&P 500 모두 비슷하게 하락했기 때문에 총선

결과에 따른 하락이라고 보기는 어려웠다. 어쨌든 이런 분위기를 타고 국민의힘은 금투세 폐지를 당론으로 채택했지만[96] 민주당은 2025년에 예정대로 시행하겠다는 입장을 유지했다[97].

두 번째 국면은 7월에 나왔다. 민주당 이재명 대표가 그 달 10일 차기 당대표 출마를 선언하는 전당대회에서 "금융투자소득세 시행 시기를 고민해봐야 한다"며 유예론을 언급한 것이다[98]. 하지만 이 발언이 나오자마자 "후보 신분으로 개인적 견해를 말씀하신 것 같다"는 반응이 나오는 등 민주당 내에서도 반대의 목소리가 적지 않았다. "주식, 채권 등 금융투자상품을 통해 발생한 소득에 대해 근로, 사업, 이자, 임대소득처럼 과세하는 것은 당연하고 마땅한 조치"라며 "금투세 유예나 폐지로 이를 가로막는 것은 조세정의에 대한 훼손"이라고 비판하는 시민단체의 목소리도 나왔다[99].

세 번째 장면은 9월 24일, 전국민이 지켜보는 토론장에서 나왔다. 민주당은 각각 3명의 의원으로 구성된 유예팀과 시행팀이 금투세 시행 여부를 두고 끝장토론을 열어 그 결과에 따라 당론을 정하기로 했었다. 그런데 시행팀에서 나온 '인버스' 한 마디가 토론 내용이나 결과와 관계 없이 분위기를 바꿔 버렸다. 즉, 이 날 결정적인 순간은 시행팀의 한 의원이 토론 중에 "증시가 우하향한다는 신념을 갖고 있으면 인버스에 투자하면 된다"고 말하는 장면이었다. 인버스는 기초 지수가 하락할 때 수익을 얻는 파생상품의 일종이다. 물론 금투세 도입이 주가 폭락으로 이어지지 않는다는 취지에서 한 발언이었지만, '한국 증시 망하는 쪽에 베팅하라는 말이냐'는 항의가 빗발치면서 '인버스' 발언이 소셜 미디어로 걷잡을 수 없이 확산되었다[100]. 그리고 거기서 사실상 끝이었다. 주식시장과 대중의 분위기는 더 이상 금투세를 그대로 시행하기 어려운 상태가 되었다.

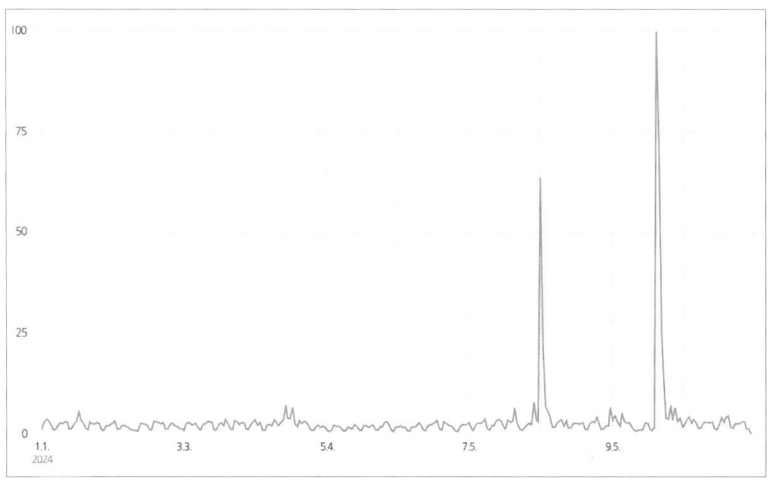

위 그림[101]은 2024년 한 해 동안 '인버스' 키워드에 대한 네이버 검색량 그래프다. 왼쪽부터 두 번째 검색량이 가장 급증한 날이 민주당 토론회의 '인버스' 발언이 확산된 9월 24일이다. 그보다 낮은 첫 번째 급증한 날은 8월 5일인데, 이 날은 실제로 코스피 지수가 지난 16년 동안 최대치인 234.64포인트(8.77%) 하락하며 시장에 공포가 엄습했던 날이다. 그보다 9월 24일의 검색량이 훨씬 더 많았다는 것을 보면 그 날 토론회의 파장이 얼마나 컸는지 잘 알 수 있다.

금투세, 그 때는 맞았어도 지금은 틀릴 수도 있다

1년 동안 수많은 논쟁을 낳다가 다소 허무하게 정리된 금투세 문제. 결론에 이르는 과정에서 조금 더 구체적이고 실증적인 토론이 되지 못했던 것은 아쉬웠다. 금투세의 시장에 대한 부정적 영향에 대해서는 1989년 대만의 사례, 부정적 영향이 없다는 점에 대해서는 일본의 사례가 많이 회자되었다[102]. 하지만 1년이라는 짧지 않은 기간이 있었음에도 정작 우리나라에서 어떤 영향이 있을 것인지에 대해서는 깊이 있는 연구가 이루어지지 않았다. 물론 처음 입법을 할 2020년 당시에는 금융시장에 대한 부정적 영향이 없다는 연구 결과가 타당했을 수 있다[103]. 하지만 당시의 연구는 2019년 이전의 시장을 대상으로 한 것이었다. 그 때는 맞고 지금은 틀릴 수도 있다. 코로나19 팬데믹 이후

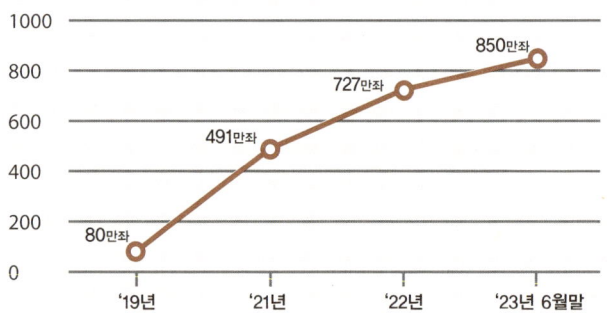

개인투자자의 해외 주식 계좌 수 추이

우리나라의 자본시장과 투자 환경은 완전히 바뀌었기 때문이다.

팬데믹으로 인한 경제 붕괴를 막기 위해 이루어진 어마어마한 양적 완화를 타고 코스피 지수가 3300을 넘어 사상 최고치를 찍었다. 이런 분위기를 타고 600만 명도 되지 않았던 개인 주식 투자자의 수는 1400만 명을 넘어섰다. 새로 주식 투자를 하기 시작한 사람들은 주로 부동산 가격 폭등에 좌절한 2030 젊은 세대다. 기술과 제도의 발전으로 해외 주식에 대한 개인의 직접 투자가 대단히 쉬워졌고, 이에 따라 해외 주식 계좌 수가 2019년 80만 개에서 2023년 850만 개로 10배 이상 늘어났다[104]. 투자 금액도 144억 달러 (약 19조 원)에서 2024년에는 1천억 달러 (약 130조 원)를 넘어섰다[105].

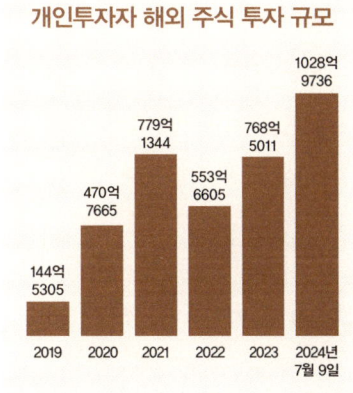
개인투자자 해외 주식 투자 규모

그런데 공교롭게도 아래 표에서 보듯 이 기간 동안 한국 증시의 수익률은 세계에서 가장 낮은 압도적 꼴찌를 기록하고 있다. 특히 코로나19를 벗어나 개인 주식 투자자가 1400만 명을 넘어서고 해외 주식 투자가 대폭 활성화된 2023년 이후의 정체가 심각하다.

이렇게 바뀐 시장상황에서 금투세 시행이 여전히 괜찮은지 시장 전문가들을 통한 연구가 진행되었다면 좋았을텐데, 공교롭게도 폐지가 결정된 후에야 국민연금 위탁운용사 27개를 대상으로 한 설문 결과가

코스피	2,504.67	+416.71	↑19.96%
닛케이 평균주가	38,349.06	+15,055.15	↑64.63%
S&P 500	5,998.74	+2,857.76	↑90.98%
가권지수	22,298.90	+10,809.33	↑94.08%
나스닥 종합주가지수	19,060.48	+10,395.01	↑119.96%

(2024. 11. 28. 기준 각 지수의 직전 5년간 상승률, 출처: Google Finance)

공개되었다. 이 자료에 따르면, 기대 수익률 하락, 거래량 감소 등에 따른 저평가가 지속되는 부정적 영향을 미칠 것이라고 답변한 곳이 16개이고, 연기금 자금력의 안정성에 도움을 줄 것으로 보아 긍정적이라고 답한 곳은 하나 뿐이었다[106].

[논평]
금투세 시행, 시장 충격과 전체 국민의 불이익은 왜 고려하지 않나?

2024. 5. 10. 한국기업거버넌스포럼

- 미국 등 다른 선진국 시장과 같은 수준의 세금을 부과하려면 주주에 대한 이사회의 의무 등 선진국 수준의 일반주주 보호 법제가 먼저 갖춰져야 하는 것이 순서다
- 과세 당위론에 빠져 소탐대실하는 것 아닌지, 일반 국민에게 유일하게 남은 부의 사다리를 걷어차는 것 아닌지 신중하게 검토해야 한다.

금융투자소득세 시행이 7개월 앞으로 다가왔다.

'소득이 있는 곳에 세금이 있어야 한다', '왜 주식은 예외인가'라는, 반대하기 쉽지 않은 명분으로 시작된 금투세 논의는, 최근에는 상위 1% 부자에 대한 세금으로 대중적인 당위성을 부여 받는 것같기도 하다.

하지만 과연 그럴까? 단지 주식, 채권, 펀드 등 금융투자로 연간 5천만 원 이상을 버는 약 15만 명이 약 1조 6천억 원의 세금을 새로 내면 끝나는 문제일까? 전혀 그렇지 않다. 금투세는 안그래도 체력이 약한 한국 주식시장에 치명상을 입힐 가능성이 높다.

우선 정부가 추정한 금투세 대상자의 수가 전체 투자자의 고작 1%라고 해도

이들이 투자하고 있는 금액은 한국 증시 전체에서 상당히 큰 부분이기 때문이다.

단순하게 계산해도 이들의 투자금은 매우 크다. 고작 5%에 불과한 지난 10년간 한국증시의 총 주주수익률(TRS)을 대입하면 연간 5천만 원 이상 수익을 내는 사람의 투자금은 최소 10억 원 이상이어야 한다. 이렇게만 계산해도 15만 명의 투자금은 최소 150조 원 규모. 한국 주식시장의 전체 시가총액 약 2500조 원의 6%가 넘는다. 새로 세금을 부과해 이들의 실질 수익률을 20% 감소시키면 어떤 현상이 발생할까? 상식적인 수요와 공급의 법칙을 생각하면 예측이 어렵지 않다.

이들의 투자 포트폴리오 조정 과정에서 상당한 돈이 해외 시장으로 빠져나가고 한국 주식 가격은 상승 동력을 그만큼 잃을 것이다. 한국 주식시장은 이제 미국, 일본 등 다른 주식시장과 사실상 완전 경쟁 중이라는 사실을 잊으면 안된다. 시차가 있을 뿐, 이제 모바일 앱으로 한 번만 클릭하면 매수, 매도는 물론 환전까지 한꺼번에 해 주는 서비스가 보편화되어 있다. 누구나 쉽게 미국, 일본, 홍콩의 주식을 사고 팔 수 있다.

지난 5년 동안 80% 이상 오른 미국과 일본 증시가 있음에도 불구하고 한국의 투자자들이 같은 기간 동안 20%도 오르지 않은 한국 증시에 투자하고 있는 중요한 이유 중 하나가 세금이었다. 금투세 시행 후 수십조 원이 해외로 투자처를 옮긴다면 한국 증시가 더욱 상승 동력을 잃고 코리아 디스카운트가 심화될 것은 불을 보듯 뻔하다.

직접 투자자들만의 문제가 아니다. 사모펀드에 간접투자하던 사람들도 최고 세율 49.5%에 달하는 금융소득종합과세 세금 폭탄을 피하기 위해 펀드런[107]에 나설 것이라는 우려도 있다. 그동안에는 분리과세했던 펀드 이익분배금을 배당소득으로 일괄 분류하면서, 사모펀드에 투자하는 거액투자자들의 투자 유인이 사라지게 된다는 것이다.

지난 5월 2일 발표된 기업 밸류업 정책은 '장기적'인 기업가치 제고를 목표로 한다는 점을 명확히 했다. 하지만 금투세 시행으로 이렇게 명확히 예상되는 '단기적' 부정적 영향에 대해 정부는 어떤 보완책을 갖고 있는지 의문이다.

2024년 2월 기준 100조 원이 넘는 개인 투자자의 해외 주식 투자금을 국내로 돌리려는 노력은 커녕 오히려 수십조 원의 돈을 해외로 빠져나가게 하고 그 결과 중산층과 서민들의 금융소득의 선순환 구조를 파괴하는 정책을 시행하는 것이 그렇게 시급하고 중요한 것일까?

정부의 경제, 조세 정책은 소득분배 뿐만 아니라 자산시장에도 직접적인 영향을 준다는 사실을 절대 잊지 않아야 한다. 금투세는 소득분배에 대한 실질적 영향이 불확실한 반면 자산시장에 엄청난 충격을 초래한다는 사실을 깊이 고려해야 한다. 미국 등 다른 선진국 시장과 같은 수준의 세금을 부과하려면 주주에 대한 이사회의 의무 등 선진국 수준의 일반주주 보호법제가 먼저 갖춰져야 하는 것이 순서다.

이미 만들어진 법이라면 시행에 있어서 최대한 시장 충격을 줄이고 전체 국민에게 이익이 되는 방향으로 운영의 묘를 살려야 한다. 현실적으로 일반주주 보호에 관한 법과 제도가 정착되고 시장이 수용할 수 있을 때까지 유예하는 것도 방법이다. 최소한 배당소득에 대한 분리과세, 장기투자자 소득세율 인하는 관철되어야 한다.

대기업의 지주회사 전환에 대한 지배주주들의 양도소득세는 지난 2000년 이후 20년 이상 이런 저런 이유로 계속 유예를 연장하면서 전혀 부과하지 않고 있는데, 왜 일반 개인주주들의 금융투자소득세는 이렇게 급하게 시행하려고 하는 것인가?

금투세 전면 시행은 소탐대실이 될 가능성이 높다. 1400만 일반 개인 투자자들의 자산을 더욱 축소시키고, 150조 원이 넘게 한국 증시에 투자하고 있는 국민연금의 자산 건전성 역시 더욱 악화시키게 될 것이다.

이 점을 누구보다도 잘 알고 있는 정부와 정치권은 부동산 가격 폭등으로 한 번 좌절한 대다수의 국민들에게 마지막으로 남은 금융소득의 사다리마저 걷어찰 심산인가?

정부와 정치권의 현명한 재검토와 입장 변화를 촉구한다.

12월: 다시, 상법개정.
2024년 한 해를 정리하며

G

밸류업 구호로 시작한 2024년은 안타깝게도 한국의 대표적 기업들의 위기와 함께 저물고 있다. 경제적 상황도 녹록치 않지만, 정치적 상황, 국제적 상황은 더욱 걱정이 많다. 미국이 트럼프 2기로 접어들면서 세계 경제의 블록화, 미국 우선주의의 영향이 벌써 우리에게도 강하게 미치고 있다. 전 세계의 돈이 미국으로 쏠리면서 한국 주식시장의 소외는 더욱 눈에 띄고 있다.

그래도 2024년을 K-기업 거버넌스의 원년이라고 부르고 싶다. 밸류업, 금투세, 공개매수, 분할합병 등 다양한 키워드가 사람들의 눈과 귀를 사로잡았다. 덕분에 자본시장의 수준이 개인의 삶에 큰 영향을 주는 주제임과 동시에 국가 경쟁력과 선진국 안착에 큰 영향을 주는 문제라는 점을 많은 사람들이 알게 된 해였다. 특히 한 해를 마무리하는 12월, 지금 정치권과 경제계는 민주당의 당론 채택 이후 이사의 주주 충실의무 상법 개정 논의에 한창이다. 상법인지 자본시장법인지, 포괄적 원칙 명시인지 소위 '핀셋' 입법인지 등 각계 각층이 관심을 보이며 폭설을 녹일 만큼 뜨거운 논의가 연일 진행되고 있다. 인쇄와 제본이라는 아날로그의 한계 때문에 올해 나올 지도 모르는 이런 토론의 결과를 책에 담지 못하는 점이 못내 아쉽다. 하지만 출간일을 미루면서 그 내용을 모두 담기보다는 공백으로 남겨 두려고 한다.

그 결론이 어떻게 나오더라도, 입법에 이르지 못하거나 성에 차지 않더라도, 올해 뿌려진 수많은 씨앗은 분명히 싹을 틔우고 언젠가는 충실한 열매가 되어 우리에게 돌아올 것이다. 이제 다음 장에서는 그 중 2025년에 제일 먼저 보일 것들은 무엇인지, 조심스럽게 한 번 예상하고 살펴보려고 한다.

PART II

2025년 G 전망

GOVERNANCE TREND

지난 50년, 한국과 세계의 기업 거버넌스 흐름

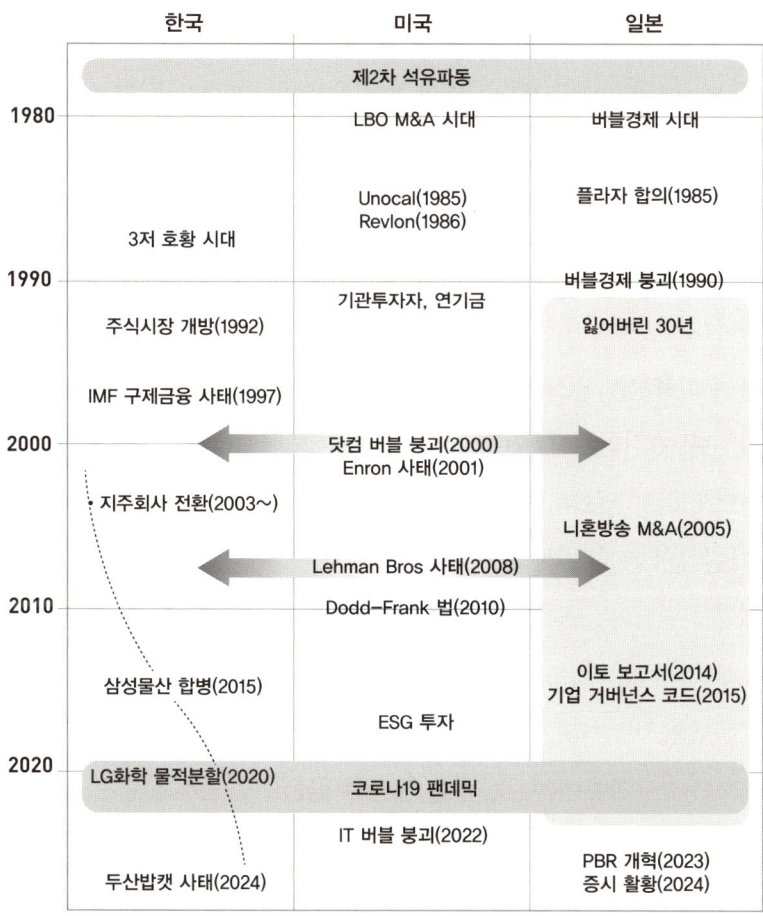

2025년, 우리 경제와 기업의 거버넌스는 지금 어디에 서 있을까? 지난 반세기, 미국, 일본, 한국의 기업 거버넌스는 경제의 성장과 몇 차례의 세계적 경제 위기에 따라 많은 변화를 겪었다.

미국에서는 혼란의 1970년대를 지나 레이건 행정부의 등장과 함께 저금리와 규제 완화로 대표되는 신자유주의 기조가 시작된 것이 1980년대였다. 은행에서 나온 금융자본은 주주의 권리를 강조하며 소유 분산 기업에서 심화된 경영자들의 도덕적 해이moral hazard를 공격하고 기업의 비효율을 제거하며 구조조정을 통해 수익성을 높이는데 몰두했다. 같은 시기 일본은 은행에 의한 기업의 소유와 지배를 중심으로 하는 기업 거버넌스를 통해 최대 호황을 맞았지만, 1985년 플라자 합의 이후 지나친 금리 인하로 발생한 부동산과 주식 시장의 거품이 꺼지면서 소위 '잃어버린 20년'을 겪었다.

한국의 1980년대는 정치적 혼란기이면서 관치금융을 중심으로 한 대기업 집단의 고도 성장기였다. 특히 엔고의 반사적 이익으로 수출이 눈부신 성장을 이루면서 풍부해진 기업집단 내부의 자본은 상호출자, 채무보증, 내부거래 등의 형태로 주력 사업이 아닌 다른 사업에 쉽게 진출하고 유지할 수 있는 길을 열어 주었다. 주로 순환출자를 통해 지배주주의 영향력이 급격히 강화된 것이 이 시기의 한국이었다.

하지만 급격한 자본시장 개방의 부작용으로 아시아 금융위기가 터지고, 미국에서는 닷컴 버블로 불리는 인터넷 기업들의 주가 폭등과 폭락, 엔론 사태로 대표되는 회계 부정 사건, 서브 프라임 모기지 사태로 인한 리만 브라더스 파산과 세계적 경제 위기가 이어졌다. 이렇게 자본주의의 존립을 위협할 정도로 방만해진 금융자본에 대한 통제가 필요하다는 인식이 확산되었고, 각국에서 다양한 대응 방안이 나왔다. 미국에서는 회계 투명성과 내부 통제 강화를 위한 사베인-옥슬리법Sarbanes-Oxley Act (2002)이 제정되었고, 금융 규제 강화와 금융 소비자 보호를 위한 도드-프랭크법Dodd-Frank Act (2010)이 나왔다. 일본에서는 특히 2005년 니혼방송 M&A 사건 이후 기업 인수와 기업 거버넌스 개선에 관한 관심이 높아졌고, 기업 거버넌스에 관한 다양한 미국식 제도 도입이 이루어졌다. 한국은 IMF 금융위기 이후 대기업 집단 위주의 기업 거버넌스에 대한 반성으로 지주회사를 허용하는 대신 상호출자, 채무보증 및 내부거래를 제한하며 이사회 기능을 실질화시키고 지배주주 중심의 경영을 바꾸려는 노력을 기울였지만, 2008년 금융 위기 이후 대기업의 경쟁력 약화를 우려하는 분위기 하에 다시 자사주 취득 확대 등 규제 완화가 이루어졌다.

    2020년부터 2년여 동안 세계를 휩쓴 코로나19 팬데믹 이후 세계 각국의 기업 거버넌스는 또다시 서로 영향을 주고 받으며 변화하고 있다. 미국과 중국의 신냉전이 본격화되면서 자본시장도 서로 분리되고 있고, 그 과정에서 중국에 투자되었던 미국 자본이 빠져나와 인도와 일본으로 대거 이동했다. 이러한 신냉전 수혜에 엔저까지 겹친 일본 증시가 사상 최고치를 돌파하며 잃어버린 30년을 떨쳐 내려는 움직임을 보이자, 한국도 고질적인 코리아 디스카운트 해소에 대한 국민적 공감대가 형성되고 있다. 다만 개인 지배주주 중심의 기업 거버넌스에 익숙한 한국의 문화 자체가 바뀌지 않는 상황에서 새로운 기업의 지속 가능한 리더십 구조를 만드는 것에는 시간이 필요해 보인다. 하지만 움직임은 분명히 시작되었다. 과연 2025년에는 어떤 관점으로 기업 거버넌스의 움직임을 보아야 할까?

2025년 거버넌스 키워드 Top 5

1
Civilians at the Gate (문 앞의 시민들)

2
지주회사의 역습

3
증권신고서

4
주주 충실의무

5
유니콘 상장시대

1. Civilians at the Gate
(문 앞의 시민들)

1980년대 미국은 LBO (Leveraged Buyout: 차입매수) M&A의 시대였다. 레이건 행정부의 감세와 금융 규제 완화를 타고 돈을 빌려 기업을 인수해서 회사의 수입으로 빌린 돈을 갚으면서 최적화한 후 매각하는 M&A가 붐을 이뤘다. 〈Barbarians at the Gate〉는 이런 LBO가 절정에 달했던 1988년, 당시 최대 규모의 LBO였던 담배 및 식품 대기업 RJR 나비스코의 매각에 관한 생생한 이야기를 담은 논픽션 베스트셀러다. 화려하고 사교적인 RJR 나비스코의 CEO 로스 존슨이 담배 산업의 위기 등으로 회사의 주가가 저평가되어 있다고 판단한 후 시장에서 주당 55달러에 거래되던 회사를 주당 75달러에 상장폐지하려고 했지만, 유명한 KKR (Kohlberg Kravis Roberts & Co.)이 참전해서 치열한 입찰 끝에 결국 주당 109달러 (총 250억 달러)에 회사를 인수하는 약 두 달 동안의 스토리를 담았다. 최종 결정일인 12월 1일, 13시간의 마라톤 회의를 통해 주주가치 극대화의 관점에서 제안을 검토하는 이사회의 모습이 생생하다.

이 책에서 야만인barbarian은 누구였을까? 물론 기본적으로는 회사를 인수해서 전통적인 기업 문화를 바꾼 KKR와 같은 월스트리트 자본을 의미했을 것이다. 하지만 처음 자신의 이익을 위해 LBO를 기획한 존슨과 같은 CEO도 역시 야만인 중 하나였다. 그리고, 〈문 앞의 야만인〉이 왔다는 것은, 평생 직장을 기초로 하는 제조업 중심으로 성장했던 미국 경제에 재무적 효율성을 추구하는 금융 자본주의라는 새로운 질서가 도래했다는 의미이기도 했다.

저평가된 한국 회사의 문 앞에는 누가?

2025년 한국, 코스피와 코스닥에는 저평가 회사가 차고 넘친다. 자유를 위한 투쟁의 1960년대, 석유 파동으로 인한 혹독한 불황과 정치적 혼란의 1970년대를 거쳐 유동성 확대와 함께 호황을 누린 미국의 1980년대는, 민주화 운동을 거쳐 두 차례의 금융위기를 극복한 후 꾸준한 성장으로 선진국으로 막 진입하고 있는 2020년대의 한국 경제와 비슷한 점이 많아 보인다. 하지만 크게 다른 점이 있다. 1980년대의 미국 주식시장은 역사적인 'bull market'으로 뜨겁게 달아올랐지만, 2020년대의 한국은 20년 넘게 해결되지 않는 고질적인 '코리아 디스카운트'를 안고 있다는 점이다.

물론 과거 한국의 자본시장에도 작은 '야만인들'이 찾아온 적이 있었다. 작다고 한 것은, 이들이 미국의 월스트리트 자본처럼 회사를 아예 인수하려고 하지는 않았기 때문이다. 단지 이들은 사업 외적인 요인 ─ 주로 기업 거버넌스 문제 ─ 으로 저평가된 한국 대기업들의 문을 노크하고, 높아진 가치만큼 이익을 얻으려고 했었다. 2003년 소버린$^{Sovereign\ Asset\ Management}$이 SK그룹의 문 앞에 왔었고[108], 2015년 삼성물산[109], 2018년 현대차그룹[110]의 문 앞에 온 것은 엘리엇$^{Elliotte\ Management}$이었다.

IMF 구제금융을 졸업하자마자 찾아온 소버린의 노크는 한국 자본시장에 일종의 외국인 포비아를 일으켰었다. 온 나라가 발칵 뒤집혀서 외국인 투자자의 적대적 M&A를 어떻게 방어해야 하는지 골몰했다. 하지만 12년 후 엘리엇이 삼성물산 앞에 찾아왔을 때는 상황이 조금 바뀌었다. 국민의 노후생활을 위해 수익을 내야 하는 국민연금이라는 대주주가 생겼다는 점, 엘리엇 외에도 합병에 반대하는 국내 주주가 꽤 많았고 훨씬 치열한 공방이 벌어졌다는 점이 달랐다. 삼성물산의 주주였던 일성신약은 엘리엇보다 더 끈질기게 끝까지 문제를 제기해서 결국 7년 만에 합병 때 정해졌던 주당 57,234원보다 높은 66,602원을 회사로부터 받아 내기도 했다[111]. 엘리엇은 합병 무산을 위한 소송전에서 패하자 합병 승인 과정에서 당시 복지부와 국민연금공단 등이 투표 찬성 압력을 행사해 손해를 봤다고 주장하며 2018년

7월 ISDS (투자자-국가간 분쟁해결절차) 국제중재를 제기했다. 그리고 결국 약 5년 후인 2023년 6월, 한국정부로부터 손해배상금 약 690억 원 및 지연이자를 받아 냈다[112].

그리고 2018년 엘리엇이 현대차그룹의 구조개편안에 대해 이견을 냈을 때, 현대차그룹은 결국 개편안을 철회했다. 2015년 삼성물산 합병 당시와 같이 지배주주 지분이 높은 글로비스에 유리하고 낮은 모비스에 불리하다는 문제점이 엘리엇은 물론 국내외 여론에 의해서도 전방위로 제기되었기 때문이다. 이렇게 한국 회사들과 사람들은 문 앞의 외국인들의 목소리를 조금씩 듣기 시작하고 있었다. 그런데 이제 다른 사람들이 문 앞에 서서 노크를 하고 있다.

깨닫고 행동하는 시민들, 자본시장의 감시자가 되다

2020년 LG화학 물적분할은 한국 상장회사의 문 앞에 시민들(civilians)이 등장했음을 알린 가장 중요한 이벤트였다. 그리고 2024년, 두산그룹 구조개편과 고려아연을 둘러싼 공개매수전을 통해, 이런 시민들의 목소리가 한국 자본시장의 가장 강력한 감시자라는 점을 누구도 부인할 수 없게 되었다. 두산그룹의 사례에서 분할합병과 포괄적 주식교환이라는 복잡한 거래 구조는 수많은 유튜브 영상과 소셜 미디어를 통해 쉽게 설명되었다. 그리고 거래의 문제점이 다양한 채널을 통해 감독

기관과 정치권으로 전달되자, 결국 구조개편의 일부가 철회되고 나머지도 일반주주들이 납득할 수 있는 수준으로 수정되거나 설명되도록 정정요구되었다. 자사주 매입을 위해 2조 원 이상의 돈을 빌렸던 고려아연이 6일 만에 이 돈을 갚을 자금을 모으기 위한 유상증자를 한다고 전격 공시했을 때, 그 의미를 가장 빠르게 이해하고 목소리를 낸 것도 바로 보통 사람들이었다.

시민들은 이제 자본시장에서 이루어지는 많은 거래들의 의미를 깨달았고^{enlightened}, 다양한 영상과 채널을 통해 자신의 의견을 표출^{express}할 수 있게 되었으며, 직접 모여서 행동하기^{engage} 시작했다. 그 전까지는 소수의 사회단체가 깃발을 들었고, 사람들을 설득했고, 정책에 반영하려고 노력했지만, 절반의 성공이었다. 거래의 경제적 본질보다 정치적 구호가 앞서는 경우도 있었다. 하지만 이제 깨닫고, 표현하고, 행동하는 시민들이 ― 3E의 시민들이라고 부르고 싶다 ― 자본시장에서 일어나는 거래들에 대한 가장 강력한 감시자가 되어가고 있다. 이제 이런 3E의 시민들은 전문가라 불리는 사람들보다 빠르고 정확하게 본질을 파악하고 움직이는 경우도 많다. 저평가된 한국 회사들의 문 앞에는, 이제 오랜 코리아 디스카운트의 원인을 이해하고 목소리를 내며 움직이고 있는 시민들이 서 있다.

문 앞의 시민들과 어떤 관계를 만들어갈 것인가?

야만인들barbarians이 아닌 시민들civilians. 이제 한국 기업들은 새로 등장한 문 앞의 시민들과 새로운 관계를 정립해야 하는 시점에 왔다. 과거 외국계 헤지펀드가 찾아왔을 때처럼 이들을 적대시하거나, 혹은 단순히 '달래야 하는' 소액주주로 여겨서는 이 흐름을 이해할 수 없을 것이다. 이들은 깨달음을 얻은 시민으로서 기업의 본질 가치를 이해하고, 전문적 식견을 바탕으로 의견을 표현하며, 필요할 때 행동에 나서는 새로운 중요 이해관계자이기 때문이다.

먼저, 기업들은 시민들과의 소통 채널을 혁신할 필요가 있다. 형식적인 IR 자료나 보도자료의 시대는 이제 지났다. 유튜브나 소셜 미디어 등 시민들이 선호하는 플랫폼에서 거래의 본질과 기업의 의사결정 과정을 상세하고 투명하게 공개하는 것이 바람직하다. 그리고, 주요 의사결정 과정에서 시민들, 즉 일반 주주들의 의견을 사전에 수렴하는 절차를 제도화할 필요가 있다. 이는 단순한 형식적 절차가 아닌, 실질적인 피드백을 반영하는 과정이 되어야 한다. 이미 2024년 셀트리온이 했던 방식을 조금 더 발전시켜 보자. 주주총회 한 번의 표 대결로 결과를 내는 것은 신뢰를 쌓기에 부족하다. 선거 전에도 일부 유권자에 대한 여론조사를 통해 정책을 보완하고 지지를 호소하는 것처럼, 회사에서도 합병, 분할, 유상증자 등 주주총회에서 결정하거나 주주들의 이익에 직접적인 영향을 주는 중요한 결정 사항에 대해서 미리 주주들에 대한 설문조사를 통해 여론을 파악하고 계획을 다듬어 갈 수도 있을 것 같다. 그렇게 대부분의 주주들이 공감하는 상황을 미리 만들고, 주주총회는 모두가 박수치는 축제의 시간이 되도록 하면 어떨까.

이러한 새로운 관계 정립은 물론 단기적으로는 기업의 부담이 될 수 있다. 하지만 이렇게 형성된 관계는 장기적으로 주주는 물론 시장과 소비자로부터의 강한 신뢰를 구축할 수 있는 핵심 열쇠가 될 것이다. 신뢰는 비용을 줄인다. 그리고 회사의 가치를 높인다. 이제 한국 기업들에게 필요한 것은 시민들을 경계하거나 달래야 할 대상이 아닌, 함께 성장할 파트너로 생각하는 인식의 전환이다.

2. 지주회사의 역습

G

2025년은 한국에서 지주회사가 허용된 지 26년째 되는 해다. '허용'되었다는 것에 의아한 사람도 많을 것 같다. 1998년까지 지주회사가 우리나라 법에서 전면 금지되어 있었다는 사실을 아는 사람은 많지 않기 때문이다. IMF 구제금융 사태 극복을 위해, 전면 금지되었던 지주회사를 허용하면서 여러 세금 혜택을 주며 장려하기 시작했던 것이 1999년이다[113]. 그 전까지, 지주회사는 적은 자본을 통해 여러 회사를 지배할 수 있어 '금지되어야 할' 수단으로 인식되었다.

왜일까? 지주회사 holding company 는 다른 회사의 지분을 보유하기 위한 회사다. 1999년에 허용된 이후, 한국에서 법적으로는 자산 총액의 절반 이상이 다른 회사의 지분인 경우 지주회사가 된다. 지주회사가 되면 공정거래법에 따라 자회사, 손자회사 등 지분에 대해 규제를 받는다. 적은 자본으로 많은 회사를 지배하면 경제력 집중이 심해지기 때문이다. 간단한 예로 쉽게 알 수 있다. 50% + 1주를 갖고 있으면 사실상 경영 활동을 모두 지배할 수 있는 주식회사의 특성상, 가치가 100억 원인 A, B 두 개의 주식회사를 개인이 따로 지배하려면 약 100억 원 (=50억 + 50억 + 2주 가격)이 필요하지만, A, B 두 개의 주식회사를 지배하는 C라는 지주회사를 이용하면 약 50억 원만 있으면 된다. (100억 원의 가치가 있는 C 지분을 50% + 1주 보유하고 C가 A, B 지분을 각각 50% + 1주 보유).

하지만 IMF 구제금융 사태 이후 복잡하게 얽힌 순환출자 구조에서는 계열회사를 빠르게 팔아 구조조정을 하기 어렵다는 점을 알게 된 정부는 이런 순환출자 해소를 위해 지주회사를 전격 허용했다. 1999년 공정거래법에 의해 지주회사가 허용된 이후부터 정부는 주식교환 방식에 의한 지주회사 전환에 부과되는 양도소득세 이연[114] 등을 통해 지주회사 전환을 강력하게 지원하기 시작했다. 이에 따라 LG그룹이 2003년 전체 그룹의 지주회사인 ㈜LG를 최초로 출범하면서[115] 2023년 기준 170개가 넘는[116] 지주회사 전환이라는 대장정의 막이 올랐던 것이다.

1+1=1인 지주회사 디스카운트 현상

그런데, 주식시장에 지주회사라는 새로운 회사들이 생겨나면서 이

상한 현상이 관찰되기 시작했다. 지주회사는 자회사의 지분을 보유하는 회사이기 때문에 지주회사의 회계장부에는 자회사 지분의 가치가 더해진다. 비상장회사라면 정확한 가치를 알 수 없지만, 자회사가 상장회사라면 시장에서 형성되는 시가에 의해 자회사 지분의 가치가 지주회사의 회계장부에 기재된다. 그런데, 지주회사의 시가총액, 즉 주가에 발행주식 총수를 곱한 지주회사의 가치가 회계장부에 기재된 자회사 지분가치에 훨씬 미치지 못하는 현상이 생기기 시작한 것이다. 심지어 절반도 되지 않는 회사도 허다했다. 1+1=2가 아니라 1이 되는 현상, 시장은 이것을 '지주회사 디스카운트'라고 부르기 시작했다. 2024년 11월 현재, 한국의 주요 지주회사들의 시가총액은 아래와 같이 순자산가치에 훨씬 못 미치는 낮은 수준이다[117].

지주회사	PBR	지주회사	PBR
㈜LG	0.44	㈜한화	0.26
㈜GS	0.29	㈜SK	0.38
㈜효성	0.60	㈜CJ	0.62
한국앤컴퍼니	0.37	㈜DL	0.23
HD현대	0.67	㈜LS	0.61

이런 현상은 왜 발생한 것일까? 다양한 연구와 분석이 있었다. 일반적으로 지지를 받는 이유는 이렇다. 지주회사 주식의 거래회전율이

다른 주식에 비해 상당히 낮고 지주회사 전환 후에 급격히 하락하는 것으로 보아 투자자들은 고유사업이 없고 자회사 통제관리를 목적으로 하는 지주회사를 매력적인 투자대상으로 생각하지 않으며, 대부분의 지주회사는 사업 자회사가 함께 상장되어 있는데, 투자자들은 지주회사보다는 사업 자회사 쪽으로 투자수요를 집중하여 지주회사 디스카운트가 발생하거나 심화된다는 것이다.[118] 한 마디로, 중복 상장이 큰 원인이라는 거다. 특히 이 연구에 따르면, 지주회사 디스카운트 현상은 일본의 지주회사에게는 없는 것으로 보이며, 공정거래법 상 지주회사가 아닌 사실상의 지주회사 (지주회사로 전환하지 않고 기업집단의 지주회사 역할을 하는 사업회사)에서도 관찰되지 않는다고 한다. 결론적으로, 지주회사 디스카운트는 한국시장에 상장된 공정거래법 상 지주회사 특유의 현상인 것이다.

저평가 지주회사의 양면성이 드러나다

이렇게 지주회사의 시장 가치가 실제 가치보다 턱없이 낮으면 누가 좋을까? 일단 지배주주들, 즉 지주회사로 지분을 모은 창업자와 이를 승계 받은 가족들에게 좋다. 적은 돈으로 더 많은 계열회사에 대한 영향력을 행사할 수 있기 때문이다. 지주회사의 시장가치가 자회사 기업가치 합산의 25%라면, 즉 지주회사의 PBR(주가순자산가치)가 0.25라면,

100만 원으로 지주회사 주식을 사면 자회사 주식 400만 원어치를 사는 것과 같은 효과가 된다. 자녀에게 증여하거나 상속할 때도 절세 효과가 있어서 좋다. 우리나라 세법은 상장회사 주식을 증여하거나 상속할 때 시가를 기준으로 세금을 매기기 때문이다[119].

하지만 지주회사는 실제로 하는 사업도 없고 다양한 계열회사의 사업 중 어디에 투자하는 것인지 포인트도 없어 일반주주들에게는 딱히 매력이 없다. 게다가 보통 지배주주 지분율이 30~50% 정도로 상당히 높아서 누군가 지분율을 높여 경쟁하기도 어렵다[120]. 이런 구조와 특성상 지주회사 디스카운트는 해가 갈 수록 심해져 왔다. 경쟁이 없을 때 가격이 내려가는 것은 너무나 자연스러운 시장의 매커니즘이다. 그리고 이런 디스카운트가 심해질수록 지배주주에게 딱히 나쁜 것도 없었기 때문에 이러한 현상이 사실상 방치되어 왔다.

하지만, 최근 몇 년 동안 시장가치가 낮아질 대로 낮아진 지주회사에 새로운 관심이 모이기 시작했다. 단순히 혈연 관계라는 사실로 '특수관계인'으로 묶여 있었던 창업자의 후손들이, 동상이몽을 꾸고 있을 수도 있다는 사실이 새삼스럽게 드러나기 시작한 것이다. 그리고 그 과정에서 재무적 투자자와의 제휴가 이루어졌다. 지주회사의 역습이 시작된 것이다. 2019년 시가총액이 자회사 대한항공의 1/3도 되지 않았던 지주회사 한진칼에 대한 KCGI의 지분취득 및 주주제안이 신호탄이었다면[121], 2023년 12월 한국앤컴퍼니에 대한 MBK파트너스의 공개매수는 비록 성공하지 못했지만 분명한 기폭제였다[122]. 2024년 3월 정기주주총회를 앞두고 이루어진 한미약품의 지주회사 한미사이언스에 대한 지분 경쟁에서는 재무적 투자자들이 관심을 보이다가 OCI라는 다른 전략적 투자자가 등장하기도 했다.

그러다가 2024년 9월, 지주회사는 아니지만 역시 '특수관계인'으로 묶여 있던 공동 창업자의 후손들이 공개매수 과정에서 법정을 통하는 다소 거친 방식으로 '특수관계'를 해소하는 장면을 모든 시장이 지켜보았다. 고려아연은 PBR(주가순자산비율) 1.4배, PER(주가수익비율) 24배로 '저평가' 주식으로 분류되지 않았던 회사다. 이런 회사에 대해 재무적 투자자와 창업자 후손들이 공개매수를 통해 지분 경쟁을 하는 상황, 이 장면은 그보다 훨씬 저평가된 회사들 — 대표적으로 지주회사 — 에 대해서도 언제든 같은 상황이 일어날 수 있다는 생각을 들게 하기에 충분했다.

태생적 중복상장 문제 해결 압력도 높아질 듯

이렇듯 지주회사의 저평가가 심화되는 이유에는 사업 자회사와의 중복 상장 문제가 가장 크게 자리하고 있다. 지주회사와 사업 자회사가 함께 상장되어 있다는 것은 같은 사업을 두고 두 개의 주식이 유통되고 있는 것과 마찬가지다. 그러다보니 주식시장으로 유입되는 돈이 매우 풍부하지 않는 한 수요는 어느 한 쪽으로 쏠리기 마련이다. 그리고 대부분은 사업 자회사를 택한다. 지주회사는 일종의 종합 선물세트인데, 그 안에 들어 있는 모든 과자를 다 좋아하는 사람이 아니라면 좋아하는 과자만 사 먹으면 되고 굳이 종합 선물세트를 살 필요는 없는 것과 같은 이치다. 또한 잘 알려져 있는 것과 같이 외국에는 이러한 모자회사 동시 상장의 예가 매우 드물다. 모회사와 자회사 주주들 사이에 이해관계가 일치하기 어렵기 때문이며 세금 제도도 중복 상장에 불리하게 되어 있기 때문이다.

일본에서는 2007년에 이미 도쿄거래소가 모회사가 있는 자회사의 상장이 바람직한 정책은 아니라는 견해를 밝힌바 있다. 2019년 6월에는 '그룹 거버넌스 시스템 실무지침 (グループガバナンスシステムに関する実務指針)'을 통해 상장 자회사에서의 이해충돌 방지와 거버넌스에 관한 기본 방향을 제시하고, 거래소의 상장규정 등도 구체화했다. 그 결과 최대 통신그룹인 NTT가 자회사 NTT도코모를 공개매수를 통해 완전 자회사로 만든 후 상장폐지하기로 했고, 패밀리마트를 자회사로 둔 이토추상사, 소니파이낸셜을 자회사로 둔 소니 등도 비슷한 작업을 추진하는 등 모자회사 중복상장 해소의 움직임이 시작된 바 있다[123]. 우리나라에서도 2020년 LG화학 물적분할 이후 이러한 모자회사 동시상장의 문제가 크게 논의되기 시작했다.

새해에는 이런 한국형 지주회사의 불편한 구조에 대해 보다 관심이 늘어날 것으로 보인다. 우리나라의 지주회사는 대부분 원래 상장되어 있던 사업회사를 둘로 쪼개 하나는 지주회사, 하나는 사업 자회사로 만드는 방식으로 생겨났다. 그러다보니 지주회사도 상장회사, 사업 자회사도 상장회사일 수밖에 없었다. 이런 방식으로 만들어진 지주회사와 자회사의 중복 상장 상태는 많은 문제를 야기하고 있다.

우선, 지주회사는 지배주주의 직속 회사이고 사업을 직접 하지 않다보니 주가나 실적보다 지배주주 이익을 위한 전략에 초점이 맞춰지기 쉽다. 하지만 지주회사의 지배주주 지분율 증대란 반대로 말하면 지주회사 일반주주의 지분율 하락을 의미한다. 즉, 상장되어 있는 우리나라의 지주회사는 태생적으로 일반주주와의 이해충돌 가능성을 내포하고 있는 것이다.

중복상장으로 인한 시가총액 과장도 심하다. 최근 조사된 바에 따르면 한국의 중복 상장 비율은 18.43%에 이른다. 미국(0.35%), 중국(1.98%), 대만(3.18%), 일본(4.38%) 등 주요국 대비 압도적으로 높다. 이러면 같은 기업가치가 두 번 계산되는 '더블 카운팅'이 발생해 모회사 주가는 저평가될 수밖에 없다. 다른 국가가 중복 상장을 제거하면서 주주가치를 제대로 평가하는 동안 한국만 거꾸로 늘어나는 추세다.[124]

특히 한국의 기업집단은 지주회사 아래에 서로 연관성이 적은 다양한 사업 자회사를 두고 있는 경우가 많다. 이런 상태에서 자회사를 상장 폐지하고 지주회사만 상장시키는 미국식으로 가는 것은 오히려 시장의 투자 판단에 어려움을 줄 수도 있을 것이다. 어떤 묘안이 나올지, 어떤 연구가 진행될 지는 아직 알 수 없지만 어쨌든 2025년부터는 허용된 지 25년이 넘어가는 한국형 지주회사 제도에 대해 어떤 식으로든 개선 노력이 있을 것으로 전망된다.

3. 증권신고서 실무의 강화

G

 미국의 SEC (Securities Exchange Commission, 증권거래위원회)는 대통령 직속의 독립된 정부기관이다. 연방 증권법 (우리나라의 자본시장법에 해당)을 적용해서, 주가 조작이나 불공정 거래를 적발하고, 공시 의무 이행을 감독한다. 하는 일은 우리나라의 금융감독원과 비슷하지만, 약 1400명으로 금융감독원의 20배 이상인 불공정 거래 조사 인력의 수뿐만 아니라 수사 권한이 부여된 독립된 기관으로서의 지위가 강력하다. 물론 우리나라도 금융위원회 소속의 증권선물위원회가 있고 자본시장의 불공정 거래 등에 대한 최종 결정을 하지만, 위원회 내 위원회이며 상임 위원이 1명 밖에 없고 조사 기능은 대부분 금융감독원으로 분리되어 있다. 같은 조직 내에 조사와 집행 기능이 강력히 통합되어 있는 SEC에 비해 아쉬운 점이다[125].

 하지만 2024년, 그 동안 금융위원회에 비해 상대적으로 관심이 덜

하던 금융감독원이 그 존재감을 드러냈다. 두산그룹 구조개편, 고려아연 공개매수와 유상증자 등 자본시장 감독이라는 본업에 관한 주요 이슈는 물론 이사의 주주 충실의무 상법 개정 논의에 대해서도 확실하고 강한 목소리를 냈다. 이복현 원장의 개인적 성향이라는 평가도 없지 않았지만, 이렇게 시작된 금융감독원의 자본시장 관련 실무는 2025년 더욱 그 자리를 잡을 것으로 전망된다.

특히, 그 중에서도 증권신고서는 일반주주 보호를 위해 핵심적인 문서임에도 불구하고 굳이 미국 SEC 공시 서류와 비교하지 않아도 그 자체로 지나치게 낙관적이거나 추상적이고 명확하지 않은 서술이 많았기 때문에 개선될 부분이 많다.

유독 두드러졌던 증권신고서 허위 부실 기재 문제

증권신고서는 애증의 문서다. 자본시장에서 대중으로부터 자금을 조달해야 하는 회사의 관점에서, 많은 관심을 받기 위해서는 좋은 말을 써야 하지만, 자칫하면 금융당국의 규제 또는 소송의 근거가 될 수 있다. 그렇다고 리스크만 강조하면 자금을 제대로 모을 수가 없다.

첫 충격은 지난 2023년 말에 왔다. 8월에 상장한 파두는 11월 3분기 공시에서 증권신고서 제출 직후인 2분기와 3분기 매출이 예상치보다 터무니 없이 적게 나온 것으로 밝혀져 주가가 폭락하고 엄청난 후폭풍을 몰고 왔었다. 당시 파두는 상장시 2023년 연간 매출액을 1203억 원으로 추정하여 기재했지만, 2분기 매출이 고작 5300만 원, 3분기는 3억 2천만 원에 불과한 것으로 나타나면서 이틀 동안 주가가 45% 떨어지는 큰 파장을 불러왔던 것이다[126]. 특히 2분기 매출은 증권신고서를 제출한 6월 30일 이후에 확정되는 것이긴 했지만 상장을 위한 투자설명회가 7월 말, 최종 상장이 8월 3일이었다는 점에서 회사가 2분기 매출 상황을 충분히 알 수 있었음에도 불구하고 이를 숨기고 상장 절차를 계속 진행한 것이 아니냐는 의혹을 받았다[127].

큰 충격 이후 2024년 1월, 직전 달의 잠정 실적도 증권신고서에 포함시키도록 하는 등[128] 관련 절차가 개선되었지만, 회사는 2005년 증권관련 집단소송법 제정 이후 최초의 IPO 관련 집단소송을 피하지 못했고[129], 금융감독원 역시 증권신고서 허위 기재 확인을 위해 주관 증권사[130]와 매출처[131]를 압수수색하는 등 강력한 조사가 이어졌다.

2024년 7월에는 분할합병, 주식교환 등 자본거래에 관한 증권신고서 기재가 주목을 받았다. IPO와 같이 자금 모집을 위해 새로 주식을 발행하는 것은 아니지만, 분할이나 합병과 같은 거래도 주주들에게 다른 회사의 주식을 새로 발행해서 주는 것이기 때문에 증권신고서와 투자설명서 공시가 필요하다. 최초 발표된 두산그룹의 구조개편은 결국 두산에너빌리티와 두산밥캣의 주주들이 일정한 비율에 따라 자신의 주식을 반납하고 두산로보틱스 주식을 새로 받는 거래였기 때문에 두산로보틱스라는 회사의 사업 상황과 주식을 받는 비율에 관한 증권신고서를 참고해서 주주총회에서 찬성 여부를 결정해야 하는 것이었다.

금융감독원의 정정요구와 회사의 자진정정이 한 번씩 있은 후, 금융감독원은 8월 26일 두 번째 정정요구를 하면서 이례적으로 보도참고자료를 배포하며 정정요구의 취지를 설명했다. 아마도 증권신고서 정정에 대한 금융감독원 권한 범위에 관한 오해[132]를 불식시키고자 하는 것으로 이해되었는데, 그 내용은 아래와 같았다.

▫ (정정요구 배경) 지난 정정요구(7.24.)에 따라 회사가 제출한 증권신고서 검토 결과 ❶의사결정 과정 및 내용, ❷분할신설부문의 수익가치 산정 근거 등 금융감독원의 요구사항에 대한 보완이 미흡한 부분을 확인하여 금번 정정신고서 제출 요구를 통해 주주들의 투자 판단을 위한 (정보가) 충분히 제공되도록 보완을 요구하였습니다.

❶ 즉, 구조개편 관련 회사의 의사결정 과정 및 내용 등은 구체적으로 기재될 필요가 있으므로 구조개편을 논의한 시점과 검토내역, 그간의 진행 과정, 거래시점 결정 경위, 구체적인 시너지 효과 등을 기재하도록 하고, ❷ 분할신설부문 (두산밥캣 지분 보유)의 수익가치는 관련 규정에 따라 일반적으로 공정·타당하다고 인정되는 모형을 준수하여야 하므로 현금흐름할인법, 배당할인법 등 미래 수익에 발생하는 효익에 기반한 모형을 적용하여 기존 기준시가를 적용한 평가방법과 비교할 것 등을 요구하였습니다.

위와 같은 두 번째 정정요구 직후 두산그룹은 두산로보틱스와 두산밥캣의 포괄적 주식교환 방식의 합병을 공식적으로 철회했다[133]. 하지만 약 두 달 후인 10월 21일 새롭게 정정한 구조개편안에 위와 같은 금융감독원의 요구 취지가 완전히 반영되지는 않았다. 수익가치 산정은 현금흐름할인법이나 배당할인법을 쓰지 않고 두산밥캣 시가에 경영권 프리미엄을 적용하는 방식으로 약 43% 추가하는 방식을 제시했다. 이런 새로운 방식은 또다시 시장의 예상을 벗어났다는 평가를 받았다.[134]

10월에는 고려아연의 일반공모 유상증자 증권신고서가 주목을 받았다. 고려아연은 10월 30일, 발행주식 총수의 20%에 해당하는 3,732,650주를 주당 670,000원(예정 가격)에 일반공모방식으로 발행하되, 우리사주조합에 신주의 20%인 746,530주를 우선 배정하고, 나머지 80%를 배정함에 있어서 모든 청약자는 그 특별관계자와 합하여 총 공모주식수의 3%(111,979주)를 초과하여 청약할 수 없도록 청약물량을 제한하는 약 2조 5천억 원 규모의 유상증자의 건을 의결한 후 공시했다.

그런데, 자사주 공개매수가 끝난지 얼마 되지 않은 시기에 대규모 유상증자를 하면서 유상증자 주선사인 증권사가 공개매수 진행 중이던 14일부터 유상증자를 위한 실사를 진행했다고 기재한 점[135], 자사주 공개매수 증권신고서에는 상장폐지 요건 해당 가능성이 '없다'고 기재했지만 며칠만에 유상증자 목적으로 '상장폐지로 인한 투자자 피해

방지'를 기재한 점[136] 등이 지적되었다. 이에 대한 금융감독원 조사가 진행되었고, 별도로 증권신고서에 대한 정정요구가 나왔다. 결국 회사는 유상증자를 자진 철회했다[137].

당시 정정요구의 취지는 유상증자 추진경위, 의사결정 과정, 주관사의 기업실사 경과, 청약한도 제한 배경, 공개매수신고서와의 차이점 등에 대한 기재가 미흡한 부분에 대한 보완을 하라는 것이었다. 예를 들어 구체적으로 언제 어떤 결정을 했고, 주관사와 언제 어떤 계약을 통해서 어떻게 실사를 하기로 했고, 범위는 무엇인지, 그래서 실사 등이 언제 시작해서 언제 끝난 것인지 등과 같이 공개매수와 유상증자를 진행하는 시기를 두고 모순점이나 일관성이 없어 보이는 것들에 대해 자세히 쓰도록 하라는 취지였다[138].

대단히 상세하고 엄격한 미국 SEC 공시 규제

이렇게 2024년은 수많은 공시 서류 중에 파묻혀 있던 증권신고서가 비로소 햇빛을 보게 된 해였다. 사업에서 가장 중요한 매출과 같은 수치는 물론이고, 합병과 같은 자본거래를 하게 된 의사결정의 과정과 내용, 즉 그러한 거래를 논의한 시점과 검토내역, 진행 과정, 거래시점 결정 경위와 함께 구체적인 시너지 효과와 합병비율을 결정하기 위한 수익가치 산정 방식에 대한 상세한 설명을 기재하는 것이 처음으로 요구되었고, 자사주 공개매수의 배경과 장래 계획 또는 유상증자의 목적과 같이 기존에 추상적이거나 형식적으로 기재되어 왔던 내용도 하나하나 시장의 큰 관심 대상이 되었다.

이런 증권신고서 관련 실무는 미국 SEC 공시 규제가 가장 엄격하며 또 시장에 잘 정착되어 있다. 1920년대 말 대공황의 혼란을 교훈 삼아 설립된 미국 SEC는 '완전 공개$^{full\ disclosure}$', 즉 공개 시장의 투자자들이 투자 결정에 필요한 모든 정보를 제공 받아야 한다는 핵심 원칙을 엄격하게 운영하고 있다. 이런 미국 자본시장 공시 규제의 엄격함은 지난 2018년 일론 머스크$^{Elon\ Musk}$의 트윗 사건을 통해 대중에게도 잘 알려져 있다. 당시 머스크는 "Am considering taking Tesla private at $420. Funding secured. (테슬라 주당 420달러에 상장폐지 고려 중. 자금은 마련되었음)"라는 짧은 문장 하나를 소셜 미디어에 올렸다가 SEC 조사를 받고 이사회 의장에서 물러나며 2천만 달러, 회사인 테슬라와 합쳐서 총 4천만 달러의 벌금을 냈다[139]. 이게 끝이 아니었다. 당시 주가가 30% 폭락하는 등 손실을 본 투자자들이 집단 소송을 제기했고, 손해액으로 4153만 달러를 배상하기도 했다[140]. 중요 정보의 공시가 모든 투자자에게 동등하게 이루어져야 하는 원칙을 위반했기 때문이었다.

SEC공시는 그 내용도 대단히 구체적이고 상세하다. 예를 들어 2024년 4월에 SEC의 공시 사이트인 EDGAR에 올라온 제지 업체 International Paper와 DS Smith의 약 42조 원 규모의 합병 투자설명서에 기재된 '합병 시너지 및 DS Smith 주주들의 이익'에 관한 내용을 보자[141]. 이것은 DS Smith의 이사회가 합병안에 찬성하면서 주주들에게 찬성을 권고하는 구체적인 이유에 해당하는 것이었다.

- 전체의 92% 또는 4억 7,400만 달러(3억 8,100만 파운드)는 비용 시너지로서 구체적으로 아래와 같은 근거로부터 발생합니다.

    - 이 중 47%, 즉 2억 4,100만 달러(1억 9,400만 파운드)의 시너지는 다음과 같은 제지 공장, 박스 공장 및 글로벌 공급망의 결합된 네트워크 전반의 운영으로부터 발생
        - 컨테이너보드 공급 균형을 통한 통합 이점(약 50만~60만 톤)
        - 화물 최적화로 인한 이익
        - 제품 및 시스템 최적화, 전문적 기술 지식 공유를 통한 제지 공장 및 박스 네트워크 전반의 운영 효율성 향상
    - 이 중 23% 또는 1억 1,700만 달러(9,400만 파운드)는 중복되는 회사 및 사업 간접비를 감축하여 발생
    - 이 중 23%, 즉 1억 1,600만 달러(9,300만 파운드)는 합병회사의 규모 증대로 인한 운영 조달 시너지 효과로부터 발생

- 전체의 5% 또는 약 2,600만 달러(2,100만 파운드)는 합병 회사의 규모 확대를 활용한 자본적 지출 조달 시너지에서 얻을 수 있습니다.

- 전체의 3%, 즉 약 1,400만 달러(1,100만 파운드)는 매출 시너지 효과입니다.

이러한 시너지 효과는 합병의 직접적인 결과로 발생할 것으로 예상되며 합병과 독

립적으로 (주: 합병하지 않으면) 달성될 수 없습니다.

International Paper는 위에서 설명한 시너지를 달성하기 위한 총 비용이 약 3억 7천만 달러(2억 9천 7백만 파운드)가 될 것으로 예상합니다.

International Paper는 위에서 설명한 시너지의 약 33%가 합병일 이후 첫 해 말까지 달성될 것으로 예상하고, 두 번째와 세 번째 해의 말까지 약 66%까지, 그리고 95%까지 각각 달성될 것으로 예상합니다.

상술한 일회성 비용을 제외하면, International Paper의 이사회는 합병의 직접적인 결과로 중대한 부작용이 발생할 것으로 예상하지 않습니다.

(중략 – 형식적 사항)

International Paper 이사회는 이러한 시너지가 DS Smith와 International Paper 주주 모두에게 상당한 가치 창출에 기여할 것이라고 믿습니다. 이번 합병은 International Paper의 마진을 증가시키고 1년차에 주당순이익 (EPS)을 증가시킬 것으로 예상됩니다. 합병으로 인한 투자 자본 수익률 (ROIC)은 발효일 이후 3년차 말까지 International Paper의 가중 평균 자본 비용 (WACC)을 초과할 것으로 예상됩니다.

DS Smith의 이사회는 위와 같은 상세한 근거를 근거로 합병 후 4년 내에 최소 5억 1400만 달러의 세전 현금 시너지가 발생할 것이라고 전망하며 시가 대비 약 42.2~47.7% 할증된 가격으로 International

Paper와 합병하는 것에 대한 찬성을 주주들에게 권고했다. 구체적인 수치 없이 추상적인 기대만으로 기재되는 것이 보통인 우리나라의 합병 시너지 관련 내용과 차이가 커 보인다.

SEC 공시에서는 이러한 거래 조건이나 실질적 내용 뿐만 아니라 합병 등에 이르기까지의 과정이나 배경과 같은 거래 전체에 관한 스토리가 일자별로 상세히 기재되는 것이 보통이다. 특히 2020년 상장한 에어비앤비의 경우 코로나19라는 특수한 상황에서 자금을 모집하는 만큼 상장 증권신고서에 해당하는 Form S-1에서 팬데믹이 사업에 미치는 영향과 대응 전략을 상세히 기술하고, 기존 호스트들에게 주식을 우선 배정하는 독특한 프로그램이 투명하게 공개되기도 했다[142].

크게 강화될 증권신고서 실무 규제에 적응해야

물론 곧바로 SEC에서 요구하는 수준으로 공시되기는 어렵겠지만, 최소한 2024년을 기점으로 금융감독원의 증권신고서 실무는 크게 강화될 수밖에 없을 것으로 보인다. 기업공개(IPO), 유상증자 등 실제 자금을 조달하는 경우는 물론 합병, 분할, 주식교환 등 주식시장의 투자자들이 자신의 의사를 결정하기 위해 증권신고서를 보아야 하는 거래는 매우 다양하고, 파두, 두산그룹, 고려아연 등을 거치면서 증권신고서에 대한 시장의 기대는 매우 높아진 상태이기 때문이다.

금융감독원이 2024년 1월 발표한 〈투자위험요소 기재요령 안내서〉 개정본과 〈2023년 증권신고서 정정요구 사례〉에는 이러한 흐름이 이미 잘 나타나고 있다.[143] 예를 들어 정관에 추가한 신규 사업에 대해서 단순히 "시장환경 악화로 향후 사업추진 계획이 없다"고 기재하는 등 상세한 내용이 없는 경우에는, 신사업 미영위 사유, 당초 회사가 추진하고자 했던 계획(시점별 진행단계, 실제 추진 내용), 향후 추진계획(전체 진행단계, 조직 및 인력 확보 계획, 철수 계획) 등을 투자자가 파악할 수 있도록 자세히 기재하도록 하였다. 또한 종속회사에 대한 대여금에 관해서 "공장 건설 등에 사용했으나, 수주상황 고려시 증설 필요성, 투자금 회수 가능성 불투명"이라고만 기재한 사안에 대해, 감독당국은 종속회사 설비투자 필요성, 대여금 회수계획 등을 구체적으로 기재하고, 대여금에 대한 손상 인식 가능성과 관련 투자위험을 구체적으로 기재하도록 함으로써 투자자들이 관련 위험을 상세히 예측할 수 있도록 정정요구를 했다.

또한 공모가 산정과 공모 자금 사용처에 관해서도 보다 구체적인 기재를 요구했다. 예를 들어 IPO 공모가 산정에 관하여서는, 발행인의 주당 평가가액 산정을 위한 비교(유사)회사 선정 기준 및 선정 근거, 기업가치평가 방법 선정 기준 및 선정 근거, 관련 위험 등을 구체적으로 기재할 필요가 있다고 하였다. 실제로 유사성이 낮은 회사임에도 불구하고 비교 회사로 선정된 점을 정정하라는 취지였다. 공모 자금 사용처에 관해서도 회사의 자금 및 매출·수주 현황 등을 고려할 때 공모

자금을 급여 등 운영비로 사용하는 것이 불가피한 상황임에도 불구하고, 공모자금 사용 목적을 신제품 개발, 신규 사업 추진, 차입금 상환으로 기재 추상적으로 기재한 경우에는 실제 목적을 상세히 기재하도록 정정요구를 받았다.

이러한 흐름은 2024년 두산그룹 구조개편과 고려아연 자사주 공개매수 및 유상증자 국면 등에서 보여준 금융당국의 구체적인 정정요구 내용과 일맥상통하는 면이 있다. 이렇게 시장의 인식과 감독기관의 기준이 크게 변화하고 있기 때문에, 과거 판례에만 의존해서 증권신고서 기재가 충분한 지를 판단하는 것도 주의해야 할 것으로 생각된다. 전문성이 있는 감독기관의 실무적 기준은 나중에 법원의 판단에도 상당한 영향을 미칠 가능성이 높기 때문이다.

예를 들어, 지금까지 대법원은 자본시장법상 공시해야 하는 중요사항에 대해 '투자자의 합리적인 투자판단 또는 금융투자상품의 가치에 중대한 영향을 미칠 수 있는 사항'을 말하는 것으로서, 이는 "합리적인 투자자가 금융투자상품과 관련된 투자판단이나 의사결정을 할 때에 중요하게 고려할 상당한 개연성이 있는 사항을 의미하고, 나아가 어떠한 사항이 합리적인 투자자가 중요하게 고려할 상당한 개연성이 있는 사항에 해당하는지는 그 사항이 거짓으로 기재·표시되거나 기재·표시가 누락됨으로써 합리적인 투자자의 관점에서 이용할 수 있는 정보의 전체 맥락을 상당히 변경하는 것으로 볼 수 있는지에 따라 판단하여야 한다"는 기준을 갖고 있었다[144].

이 판결은 지난 2010년 주주배정 후 실권주 일반공모 방식으로 유상증자를 했던 대한해운이 한 달만에 기업회생을 신청했던 사건에 관한 것이다. 당시 증권신고서 (투자설명서)에 일부 기재누락, 거짓기재가 드러났음에도 불구하고 '투자자가 추론할 수 있는 내용'이라는 이유로 손해배상 책임을 부정해서, 판결이 선고되었던 2015년 당시에도 상당한 비판이 있었다[145]. 10년이 지난 현재 상황에서는 '정보의 전체 맥락을 상당히 변경'이라는 대법원의 기준은 투자자 보호 관점에서 다소 느슨한 것으로 평가될 가능성이 높고, 실무적으로는 감독기관의 다양한 사례를 고려해서 이보다 엄격한 기준을 설정하는 것이 바람직할 것으로 보인다.

4. 이사의 주주 충실의무가 명시되면?

G

역시 2024년 한 해를 꽉 채운 키워드 중 하나는 '상법 개정'이다. 1월 연두연설의 해프닝, 6월의 금융감독원 발 치열한 공방을 지나, 7월 민주당의 '부스트업' 프로젝트에 등장하더니, 11월 금투세 폐지 합의를 타고 본격적인 입법 단계로 들어선 이 이슈의 정확한 이름은 '이사의 주주 충실의무' 논의다[146]. 법학을 전공한 사람들에게도 조금은 생소한 '충실의무' 논의가 온 국민의 관심사가 될 줄은 아무도 몰랐을 것이다. 어쨌든 복잡하게 얽혀 있는 기업 거버넌스 문제에 대한 해결의 실마리로, 주주 충실의무 입법에 대한 기대는 계속 커져갔다.

충실의무 duty of loyalty 란 이해충돌 상황에서 상대방의 이익보다 자신의 이익을 앞세우지 말라는 법리다. '충실'이라는 말이 조금 와닿지 않으면 '이익을 우선하고 보호할 의무'라고 보면 된다. 회사는 물론 어떤 누구에겐가 충실의무를 부담한다는 말은 그 사람과 자신의 이익이 함께 관련된 일에서 자신의 이익보다 그 사람의 이익을 우선하고 보호해야 한다는 뜻이 된다. 따라서 이사가 전체 주주에 대한 충실의무를 부담한다는 것은 전체 주주와 이사 자신의 이익이 모두 걸려 있는 일에서 전체 주주의 이익을 우선하고 보호해야 한다는 의미가 되는 것이다. 한 걸음 더 나아가면, 만약 주주 충실의무를 부담하는 이사가 전체 주주 중에서 일부 주주 ― 주로 지배주주 ― 에게 더 이익이 되는 거래를 승인한다면 주주 충실의무 위반이 될 수 있다.

우리나라 상법에는 주식회사의 이사가 '회사'에 대해서 충실 의무를 부담한다는 조항은 있지만[147] '주주'에 대한 의무는 명시되어 있지 않다. 주주 충실의무 논의는 여기에 전체 주주에 대한 충실의무 또는 보호의무를 명문으로 넣어서 한국의 기업 거버넌스 문제에 대한 해결의 단초를 찾아보자는 의견에서 시작되었다. 한국에서는 주로 지배주주에게 유리한 거래 ― 합병, 분할, 내부거래 등 ― 때문에 일반주주가 피해를 입는 문제가 많았기 때문이다.

이사의 주주 충실의무는 어떻게 명시되나?

2024년 한 해 동안 이러한 이사의 주주 충실의무 관련 법안이 많이 나왔다. 의원안으로 나오기도 했고, 학계에서 제안되기도 했다. 또한 정부안이라고 알려진 문구가 보도되었다가 강한 비판에 부딪히기도 했다[148]. 대부분 그 취지는 비슷한데 문구에 따라서 해석과 적용이 조금씩 달라질 수도 있다. 이 중 어떤 문구가 최종적으로 선택될 것인지 현재까지 알 수 없지만 ― 이 책이 나왔을 때 이미 어떤 법안이 통과되었을 수도 있다 ― 지금까지 나온 법안 몇 개와 정부안으로 보도되었던 것, 그리고 민주당 당론으로 채택된 것을 비교해 보면 아래와 같다.

	문구	발의일
1	이사는 … 주주의 비례적 이익과 회사를 위하여 충실하게 직무를 수행하여야 한다. (이용우 의원안, 정준호 의원안)	2022. 3. 22. (의안폐기)
		2024. 6. 5. (재발의)
2	이사는 … 회사와 총주주를 위하여 충실하게 직무를 수행하여야 한다. (박주민 의원안)	2023. 1. 9. (의안폐기)
		2024. 6. 13. (재발의)
3	이사는 … 회사를 위하여 그 직무를 충실하게 수행하여야 하고, 직무를 수행하는 과정에서 전체 주주의 이익을 공평하게 보호하여야 한다. (박상혁 의원안)	2024. 8. 4.
4	이사는 그 직무를 수행함에 있어 주주를 공정하게 대할 의무가 있다. (김현정 의원안)	2024. 9. 5.
5	이사는 … 그 직무를 수행함에 있어 특정 주주와 그 이해관계인의 이익이 아닌 총주주의 이익을 공정하게 대변하고 보호하여야 한다. (민병덕 의원안)	2024. 9. 26.
6	이사는 직무를 수행함에 있어 자신보다 회사의 이익을 우선하여야 하며, 전체 주주의 이익을 공평하게 보호하여야 한다. (김남근 의원안)	2024. 9. 30.

7	그 직무를 수행함에 있어 총주주의 이익을 보호하여야 하고, 특정 주주의 이익이나 권리를 부당하게 침해하여서는 아니된다. (유동수 의원안)	2024. 9. 30.
8	이사는 직무를 수행함에 있어 주주의 비례적 이익을 보호하여야 하고, 특정 주주의 이익이나 권리를 부당하게 침해하여서는 아니된다. (천준호 의원안)	2024. 10. 2.
9	이사는 직무를 수행함에 있어 총주주의 이익을 보호하기 위하여 노력하여야 하고, 특정 주주의 이익이나 권리를 부당하게 침해하여서는 아니된다. (박균택 의원안)	2024. 10. 15.
10	이사는 그 직무를 수행함에 있어 특정 주주 또는 이해관계인의 이익에 편향됨이 없이 전체 주주의 이익을 공평하게 보호하여야 한다. (이강일 의원안)	2024. 10. 16.
11	이사는 직무를 수행하면서 주주의 정당한 이익이 보호되도록 노력해야 한다. (정부 추정안)	
12	이사는 그 직무를 수행함에 있어 총주주의 이익을 보호하여야 하고, 특정 주주의 이익이나 권리를 부당하게 침해하여서는 아니된다. (법원행정처 회신 참조안)	
13	이사는 … 회사 및 주주를 위하여 그 직무를 충실하게 수행하여야 한다. 이사는 그 직무를 수행함에 있어 총주주의 이익을 보호하여야 하고, 전체 주주의 이익을 공평하게 대우하여야 한다. (이정문 의원안)	2024. 11. 19.

무려 13개나 되는 법안이 나와 있어서 복잡해 보이지만, 이사가 주주의 이익을 보호해야 한다는 전체적인 의미는 대동소이하다. '주주의 비례적 이익을 보호'하라는 의미나 '전체 주주의 이익을 공평하게 보호'하여야 한다는 의미는 법적으로 큰 차이가 없지만 보통 사람들이 조금 더 이해하기 쉬운 문구를 만든다는 차원에서 뒤에 나온 법안들은 후자를 채택한 경우가 많았다.

다만 여기에서 '노력하여야 할 의무'에 대해서는 논란이 있었다[149]. 주주의 이익을 보호할 의무가 규정되면, 어떤 이사의 결정이 있었는데 결과적으로 주주의 이익이 보호되지 않았을 때 의무를 이행하지 않은 것으로 될 우려가 있다는 관점에서 나온 문구로 이해된다. 하지만 '노력'은 너무 추상적인 단어여서 이사가 어떤 조치든 하기만 하면 된다고 이해될 위험이 컸다. 사실 주주의 이익을 보호하는 방법이 반드시 그 결과를 보장하는 방식으로 이루어질 필요는 없다. 정확히 숫자로 떨어지는 보호는 현실적으로 불가능하기도 하다.

미국 회사의 절대 다수에 대한 관할을 갖는 미국 델라웨어 대법원도 지배주주와 일반주주 사이의 이해충돌이 있을 때 이사가 원칙적으로 '완전한 공정성 entire fairness'을 스스로 증명해야 하지만, 예외적으로 (i) 독립적인 이사로 구성된 특별위원회의 판단과 (ii) 이해관계 없는 주주의 승인을 모두 거친 경우에는 이사들이 선의로 판단했다고 추정되어 반대로 이사의 책임을 주장하는 원고가 불법성을 증명해야 하는 법리 (소위 'MFW 원칙')를 발전시킨 바도 있다[150]. 즉, 지배주주와 이해관계 있는 사람들이 빠진 상태로 결정하도록 공정한 절차를 보장한 것만으로도 이사가 주주에 대한 충실의무를 이행한 것으로 보겠다는 의미다. 따라서 굳이 결과 책임으로 보이지 않도록 법적 의무를 흐릿하게 만드는 '노력'이라는 단어를 넣지 않아도 각각 상황에 맞는 여러 법리가 발전할 수 있을 것으로 생각된다.

처음 맞는 이사회 중심주의 경영의 촉매제

결국 이사의 주주 충실의무(보호의무) 신설은 지금까지 경영자 또는 지배주주의 거수기라는 비판을 받아온 우리나라 주식회사의 이사회가 실제 회사의 가장 중요한 일을 결정하는 최고 의사결정 기관으로 기능하도록 한 걸음 나아간다는 의미도 크다. 이사회의 중요한 안건 중 많은 부분이 합병, 분할, 유상증자, 내부거래 등과 같이 주주의 재산권에 직접 영향을 미치는 거래에 관한 것이고, 곧 주주 충실의무 사안이 되기 때문이다. 주주 충실의무를 촉매제로 이사회에 관한 교과서와 현실 사이의 커다란 간극이 조금씩 좁혀져가게 될 것으로 보인다.

이러한 이사회 중심주의는 시간이 지날 수록 주주들의 지분이 분산되어 과반수의 지배주주가 사라지며 전문 경영인으로 거버넌스가 바뀌는 흐름에서 필수적이다. 하지만 지배주주 중심의 거버넌스보다 결코 쉽지 않다. 명확한 원칙과 효율적 운영이 겸비되어야 성공할 수 있다. 크고 복잡한 조직일 수록 규칙 중심(rule-based)의 운영보다 원칙 중심(principle-based) 운영이 효율적이다. 하나하나 상황에 맞는 규칙을 미리 제정할 수는 없기 때문이다.

회사의 이익을 위해 최선을 다해야 하는 원칙은 선관주의의무, 회사의 이익과 자신의 이익이 충돌할 때 회사의 이익을 선택해야 하는 원칙이 회사에 대한 충실의무라면, 지배주주의 이익과 전체 주주의 이익 사이에서 고민될 때 전체 주주의 이익을 선택하여야 하는 원칙이 바로 주주에 대한 충실의무다. 주주에 대한 충실의무는 우리나라의 이사회가 언젠가는 경험할 현실이 될 것이다.

회사마다 처한 상황에 따라 이사회의 적응에는 다양한 방식이 있겠지만, 한 가지 공통되는 것이 있다. 이제 이사회 안건에 대해 '주주에 대한 영향'을 검토해야 하는 것이다. 물론 주주 개개인에 대한 영향을 검토하는 것은 아니다. 구조적으로 공통점을 가진 집단적 의미에서의 주주를 상정하면 된다. 상장회사라면 지배주주에 대한 영향과 일반주주에 대한 영향으로 크게 나뉠 것이다. 예를 들어, 재상장 가능성이 있는 물적 분할은 재무나 회계 관점에 더해 모회사 일반 주주들에 대한 영향을 검토해서 절차적, 실체적인 보호 방안을 찾아야 하는 것이다.

일반주주 중에서도 기관 투자자와 개인 투자자에 대해 영향이 다르게 미치는 안건이 있을 수 있다. 예를 들어, 전자 주주총회 제도 도입과 같은 것은 기관 투자자보다는 개인 투자자에 대한 영향이 더 클 것이다. 영문 공시에 관한 것이라면 한국인 투자자와 외국인 투자자에게 각각 다른 영향이 있을 것이다. 다만 지배주주나 특정 주주와 관련되지 않은 사업상 결정이나 M&A, 신규 사업 진출 등 일상적인 경영상 판단에 대해서는 일반적으로 주주에 따라 영향이 다르지 않을 것이다. 이렇게 이해충돌이 없는 안건은 보통 충실의무가 아닌 선관주의 의무의 대상이어서, 그 상황에서 최선의 정보를 바탕으로 최선의 의사 결정을 하면 된다.

주주 충실의무를 부담하는 이사회의 실질적 운영은 어떻게?

주주에 대한 충실의무가 명시되고 이사회가 실질적으로 일을 하게 되면 이사회 운영은 어떻게 달라져야 할까? 성공적인 이사회 운영을 위해서는 (i) 실질적인 이사회의 독립성 확보, (ii) 전문성을 갖춘 이사진의 구성, (iii) 병목이 되지 않기 위한 효율적인 위원회 운영, (iv) 투명한 정보 공개와 의사소통, (v) 적절한 보상 체계 구축 등이 필요하다.

이사회의 독립성은 상법과 자본시장법에 규정된 사외이사 요건을 충족하는 것만으로 달성되지 않는다. 실질적으로 다수를 차지하고 있는 일반주주의 지지로 이사가 선임되도록 하는 제도를 갖춰야 한다. 이사 여러 명을 선임할 때 한 명에게 표를 몰아줄 수 있는 선출 방식인 집중투표제가 하나의 방법이다. 지금은 극소수를 제외한 대부분의 상장회사에서 정관으로 배제하고 있지만, 최소한 일정 규모 이상의 회사에서는 이른 시기에 의무화될 가능성이 높다[151]. 집중투표제는 이사회의 다수가 아닌 소수의 이사가 일반주주에 의해 선임되도록 하는 제도이기 때문에 견제와 균형의 취지에 맞고 지배권 경쟁과 무관하다. 회사의 지속가능성을 중시하는 지배주주라면 다양한 배경과 경험을 가진 주주들의 추천을 받은 이사 선임에 적극적으로 호응하는 것이 바람직하다.

이사의 의무와 책임이 강화되는 만큼, 이사회에서 다양한 관점에서의 논의가 이루어지고 쟁점을 빠뜨리지 않도록 이사들도 다양한 배경으로 구성될 필요가 있다. 상장회사라면 이사회에 자본시장 전문가가 한 명은 있는 것이 좋을 것이다. 회사의 임직원들은 주로 제품과 사업의 전문가이지만 자본시장과 투자자들의 관점, 즉 소위 여의도 분위기에 대해서 빠르고 정확하게 알기 어렵기 때문이다. 소비재 판매 회사라면 소비자들의 목소리를 가장 빨리 감지할 수 있는 소비자 전문가, 기술 기업이라면 가장 최신의 기술을 적용하고 있는 기술 전문가가 이사회에 있는 경우와 그렇지 않은 경우 회사의 경쟁력에 분명한 차이가 있을 것이다.

이렇게 실제로 일을 해야 하는 이사회를 지원하기 위해 현재 많은 회사들이 운영하고 있는 소규모 이사회 사무국 등의 단편적인 안건 보고 체계로는 턱없이 부족할 수 있다. 상법과 많은 회사의 정관이나 이사회 규정에는 이사가 회사의 비용으로 외부 전문가에게 자문을 구할 수 있다는 내용이 있다. 하지만 실제 이사회가 독립적으로 외부 전문가에게 자문을 의뢰하는 경우는 극히 드문 것이 현실이다. 이제 상장회사라면 회사 내부의 조직을 통해 이사회에 안건을 올리고 보고하며 승인을 받는 것만으로는 역부족이라는 것을 느끼게 될 것이다. 이사회가 안건을 미리 논의하고 필요한 경우 수시로 회사와 관계 없는 독립적인 외부 전문가에게 자문과 조언을 구할 수 있도록 하는 조직과 예산을 확보할 필요가 있다. 한편 의사 결정을 위한 단편적인 보고를 넘어 실질적으로 이사회가 회사의 모든 정보를 파악하고 상시 확인할 수 있는 시스템 구축이 필요하게 될 것이다.

5. 유니콘 상장시대 열리다

아이폰이 열어 젖힌 모바일 시대 이후, 우리나라에서도 수많은 IT 스타트업이 탄생했다. 상장 전에 이미 1조 원 이상의 기업가치를 인정받는 소위 '유니콘'들도 여럿 나왔다. 이 중 2010년에 창업한 1세대 유니콘의 대표주자는 쿠팡과 배달의민족 (회사명 우아한형제들)이었다. 두 회사는 한국 증시 상장이 기대되었지만, 배달의민족은 2019년 딜리버리 히어로Delivery Hero가 인수하여 사실상 독일 프랑크푸르트 증시에 상장되었다. 또 쿠팡은 2021년 미국 NYSE에 상장하면서 유니콘 스타트업의 한국 증시 상장은 물건너갔었다. 모빌리티 공유 사업을 하는 쏘카가 2022년 상장하면서 1조 원에 가까운 시가총액을 기록하기도 했지만 이후 주가 하락으로 약 5천억 원 대의 시가총액을 유지하고 있다. 다행히도 2024년 2월 상장한 뷰티테크 기업 APR이 거의 유일하게 상장 후 1조 원 이상의 시가 총액을 유지하고 있다.

새로운 기업 거버넌스를 갖춘 유니콘의 상장

한국 유니콘 스타트업이 한국 자본시장에 상장하지 못하는 현상은 바람직하지 않다. 한국에서의 성장의 과실이 한국 투자자에게 돌아가지 않는 것이기 때문이다. 하지만 유니콘 국내 상장을 위한 분위기는 녹록치 않다. 2023년에는 팹리스 (Fabless, 반도체 제품을 직접 생산하지 않고 설계와 기술개발을 전문적으로 하는 형태) 업체인 파두의 실적 부풀리기 상장 논란[152] 이후 기술특례상장이 크게 위축되었다. 2024년 큐텐 사태 이후에는 이커머스에 대한 성장성과 안정성에 대한 시장의 의문이 커졌다. 이후 컬리나 오아시스 등 상장을 기대하는 비상장 이커머스 회사들의 상장이 더 어려워진 것으로 여겨지고 있다. 다만 이런 가운데, 2025년 이후 우량한 실적과 높은 성장세를 유지하며 상장을 기대하고 있는 유니콘으로 토스(회사명 비바리퍼블리카)와 무신사가 있다.

유니콘 규모의 스타트업이 한국 주식시장에 상장하는 것은 기업 거버넌스 관점에서도 꽤 의미가 있다. 2010년 이후 창업한 스타트업은 국내외 벤처캐피탈 Venture Capital 로부터 투자를 받으며 투자계약, 이사회 구성 등을 경험하고 체계적인 기업 거버넌스에 대한 경험을 갖춘 곳이 많다. 특히 소프트뱅크벤처스 Softbank Ventures, 세쿼이아 캐피탈 Sequoia Capital, 알토스 벤처스 Altos Ventures 등 다양한 글로벌 벤처캐피탈이 한국의 여러 스타트업에 대규모 투자를 집행하면서 창업자들과 경영진들에 대한 체계적인 경험 축적이 이루어졌다. 이들은 투자를 유치하면서 기업 가치에 대한 협상을 하고, 회사 상황에 대한 실사를 받으며, 투자자들이 파견하는 이사를 이사회의 일원으로 받아들여 회사의 중요 의사결정 사항을 논의해 왔다. 그러면서 회사를 객관적으로 바라보는 눈을 길러 왔다.

지금까지 우리나라에서 이렇게 비상장 상태에서 제대로 된 이사회를 운영하는 회사는 드물었다. 대부분 창업자의 개인 역량에 의존한 의사결정을 하고, 가족 중심적이고 수직적인 기존 대기업의 거버넌스와 기업 문화를 그대로 반복하는 경우가 대부분이었다. 이런 상황에서, 상장 전부터 투자자가 파견한 외부의 이사들 — 특히 그 중 일부는 외국인이다 — 과 이사회를 구성해서 회사 업무를 결정해 온 유니콘 스타트업의 경험은 매우 소중하다. 성장을 위한 외부 자금과 객관적 논의의 중요성을 알고, 외부 투자를 받았을 때 갖춰야 할 투명한 절차와 책임감을 경험했기 때문이다. 이러한 유니콘 스타트업의 경험이 상장으로 이어진다면 한국 주식시장에 꽤 신선한 바람을 불러 일으킬 수 있을 것으로 기대된다. 조직이나 사회가 계속 젊은 세대로 교체되어야 활력을 유지할 수 있는 것처럼, 자본시장에도 새로운 젊은 기업들이 진입해서 문화를 바꾸어 주는 것이 중요하다.

비상장시장과 상장시장의 생태계 연결도 중요

　한편 유니콘 스타트업의 한국 주식시장 상장은 비상장과 상장의 생태계를 연결하는 의미도 크다. 주식시장은 자본주의의 꽃이라고 한다. 그런데 이 말은, 상장을 통해서 일반 대중으로부터 자금을 조달한 회사가 성장을 통해 대중에게 수익의 기회를 제공하여 신뢰를 쌓고, 다시 성장과 수익을 기대하는 대중으로부터 자금을 조달하여 추가 성장 동력을 마련하는 선순환 구조가 정착되어야만 가능한 것이다. 이런 선순환 구조가 형성되려면, 시장 참여자들이 상장 전에 인정 받은 기업가치가 상장 후에도 의미 있게 유지되고 더욱 커지는 것을 계속 보고 경험할 필요가 있다.

　그런데 지금 한국의 자본시장에는 이런 선순환이 제대로 돌아가고 있지 않다. 비상장과 상장 사이의 불균형이 날이 갈 수록 심해지고 있기 때문이다. 코로나19 이후 풍부한 유동성을 타고 많은 벤처캐피탈이 실적보다는 미래 성장에 대한 기대로 높은 기업가치로 유망한 비상장 스타트업에 투자를 집행했었다. 2021년에 이러한 경향은 정점을 찍었다. 하지만, 이후 금리 인상에 따른 주식시장 침체로 투자 회수에 난항을 겪고 있는 경우가 적지 않다. 특히 한국 주식시장은 미국과 일본 시장이 다시 정상을 찾으며 상승하고 있는 가운데 홀로 정체되고 있어 더욱 문제가 심각해지고 있다.

　2024년 9월, 서울에서 열린 한 투자 포럼[153]에서는 한국의 비상장

기업가치가 일본과 호주는 물론 고성장 시장인 인도와 동남아시아보다 높은 수준임이 지적되었다. 2023년 EV/EBITDA 중간값 기준 호주가 약 6.9배, 일본이 약 9.5배, 동남아시아가 10.8배이고 인도도 12.0배임에 비해 한국은 무려 15.3배로 투자되고 있다는 것이다. 이 수치는 우리나라의 비상장시장과 상장시장 사이의 불균형을 단적으로 보여준다. 2024년 11월 기준, 코스피 상장회사 전체의 평균 PER은 14.8배로 오히려 비상장 기업가치보다 낮게 형성되고 있기 때문이다[154]. 실제로 지난 몇년 간 비상장회사에 대한 투자자는 회사가 상장해도 전혀 수익을 낼 수 없는 상황에 처한 경우가 많다. 그렇다면 해외 상장으로 눈을 돌리는 것이 답인가?

토스도 미국으로? 유니콘 국내 상장 하나가 아쉽다

최근 금융 플랫폼 서비스인 '토스'를 운영하는 비바리퍼블리카(이하 서비스명인 '토스'로 부름)가 국내 상장 일정을 전면 중단하고 미국 상장을 시도하기로 했다는 언론 기사가 자본시장에 파장을 일으켰다[155]. 2022년 마지막 시리즈 G 투자에서 기업가치를 약 9조 원으로 평가 받았던 토스는 투자자들의 수익을 위해서는 최소한 그 이상의 기업가치로 상장해야 한다. 하지만 케이뱅크의 상장이 좌절되며 인터넷전문은행 기업에 대한 투자심리가 악화되는 등 국내 IPO 시장이 위축되자

소파이^{Sofi Technologies}, 어펌^{Affirm Holdings} 등 핀테크 기업들이 높은 평가를 받는 미국 증시의 문을 두드리기로 한 것이다. 이러한 토스의 미국 증시 상장 선회 소식은 지난 2021년 7월 역시 미국 상장을 시도하다가 국내로 선회했던 '마켓컬리' 운영사 컬리의 사례를 상기시켰다.

당시 컬리가 미국 증시 상장 시도를 중단했던 이유는 크게 네 가지로 보도되었다.[156] (i) 상장 비용이 한국보다 훨씬 높은데, (ii) 상장을 위해 미국 법인으로 전환하기 위한 세금이 너무 높고, (iii) 당시에는 크래프톤, 카카오페이 등이 10조 원 이상의 기업가치로 상장하는 등 국내 IPO 시장 상황이 좋았으며, (iv) 신선식품에 한정된 성장성의 한계가 있다는 것이었다. 또한 중요한 것은 기업 규모였다. 미국 NYSE에 상장한 쿠팡은 미국 법인을 설립하고 한국 법인을 100% 자회사로 만들어 처음부터 미국 상장을 염두에 둔 구조를 짰고, 상장 당시 기업가치도 약 68조 원으로 평가되는 등 미국 시장에서 충분히 관심을 가질 만한 크기였다.[157] 하지만 당시 컬리는 2~3조 원 정도의 기업가치를 예상하는 규모여서 미국 시장에서 충분한 관심을 받기에는 다소 크기가 작다는 의견이 있었다.

절대 다수의 매출이 한국의 소비자로부터 나오는 대표적인 한국의 IT 서비스인 쿠팡, 배달의 민족 (회사명 우아한형제들)에 이어 토스까지 한국 주식시장에 상장하지 않는다면, 한국 주식시장의 활력이 떨어지고 저평가 해소가 더욱 멀어질까 두렵다. 2002년 네이버, 2014년 카카오 이후 한국거래소 대형 IT 회사 상장의 명맥이 끊긴 10년의 기간 중에 미국 나스닥 지수는 4000대에서 19000대까지 무려 5배 가까이 올랐다. 물론 2021년 정점을 찍은 비상장 기업가치의 여파이고, 상장 시장의 잠재적 기관 또는 개인 투자자들에게 높은 기업가치를 인정하라고 하거나 기존 투자자들에게 자진해서 기업가치 조정에 동의하라고 할 수는 없다. 문제는 한국거래소의 경우 매출과 이익 위주로 상장 검토를 하다보니, 특히 초기에 많은 투자가 집중되고 이익이 나지 않는 IT 회사의 경우 상장 시기가 너무 늦어진다는 점이다. 한국 주식시장에서는 IT 스타트업이 시장 검증을 마친 성장기에 상장을 통해 자금을 조달하고 궁극적으로 서비스를 완성할 수 있는 기회가 없었다는 점이 아쉽다.

완성된 매출과 이익보다 거버넌스 확립을 상장 조건으로

보다 많은 스타트업이 상장을 통해 자금을 조달하고 성장을 완성할 수 있도록 하기 위해서는 상장 시기를 앞당길 필요가 있다. 그러려면 상장 요건에 대한 관점을 바꿀 필요가 있다. 매출 규모나 이익이 있는 회사라고 해도 소수의 창업자에게 지나치게 의존하는 의사결정 구조를 갖고 있거나 제대로 된 리스크 관리 시스템을 갖추지 못하고 있다면 재무적 수치는 언제든지 망가질 수 있다. 반면 당장 매출과 이익이 나지 않더라도 의사결정과 정보의 투명성이나 제대로 된 이사회 중심 거버넌스의 확립 등 지속가능성에 관한 요소가 잘 갖춰진 회사는 쉽게 망가지거나 무너지지 않는다. 어떤 회사가 상장, 즉 대중으로부터 자금을 유치할 수 있는 자격이 있다고 볼 수 있을까? 현실은 아직 전자이지만, 점점 후자가 중요해질 거라고 본다.

에필로그

2025년을 바라보며

정신 없이 흘러간 2024년이었다. 책을 마무리하고 있는 지금도 진행 중인 사건들이 한두개가 아닐 정도로 하루가 멀다하고 자본시장에 메가톤급 사건들이 터져 나왔던 한 해였다. 그 중 여러 가지가 아직 현재 진행형이다. 아니, 오히려 2024년에 시작된 것들 중에 끝난 것이 없어 보인다. 글로벌 자본시장에서 한국의 소외는 심화되고 있다. 아직 선진 자본시장의 문법과 우리 기업 거버넌스 제도와 문화는 상당한 차이가 있다. 우리나라가 선진국으로 한 걸음 더 나아갈 수록, 새해에는 더 많은 변화가 있을 것이다.

기업의 성장과 발전에는 정답이 없다고 생각한다. 기업 거버넌스도 마찬가지다. 가족 중심의 경영이 항상 성공하는 것도 아니고 전문 경영인이 항상 합리적 결정을 하는 것도 아니다. 그 때는 맞았던 것이 지금은 틀릴 수도 있다. 경제 상황과 산업 구조는 계속 바뀐다. 더 중요한 것은, 사람들의 생각이 끊임 없이 바뀐다. 그래도 바뀌지 않아야 하는 것은, 누가 결정을 하던지 개인적 이익보다 전체의 이익을 위해 판단하고 운영하게 만드는 구조와 제도가 아닐까. 즉, 사익추구와 빙공영사(憑公營私)가 만연한 조직과 국가가 성공할 수 없는 것은 만고불변의 진리가 아닐지.

미국의 트럼프 2기를 맞아 세계 경제의 블록화가 가속화되고 한국도 계속 중요한 선택을 해야 하는 시기가 될 것 같다. 위기의 시기에는 하나의 결정이 갖는 의미가 더욱 커진다. 많은 사람들이 진심으로 같은 방향을 보며 머리를 맞대고 위기 극복과 성공을 위해 노력하는 기업 거버넌스의 정착이 더욱 중요한 시대가 될 것 같다. 위기가 곧 기회다. 어려운 시기를 계기로 잘 정립시킨 기업 거버넌스는 우리 자본시장에 쓰지만 몸에 좋은 보약이 될 것이다. 5년 전에 상상도 하지 못했을 일들이 벌어지고 있는 우리 사회의 역동성에 희망을 가져 본다. 지긋지긋한 코리아 디스카운트를 떨쳐내는 씨앗이 될 새로운 K-기업 거버넌스의 시작을 기대해 본다.

GOVERNANCE TREND

[부록]
일본 세븐앤아이홀딩스 이사회 서신

    2024년 일본 자본시장은 우리나라에서도 유명한 최대 편의점 체인 '세븐일레븐'의 지주사인 세븐앤아이홀딩스(이하 "세븐앤아이")에 대한 캐나다 회사 쿠슈타르 Couche Tard 의 인수 제안 사건에 모든 이목이 집중되고 있다.

    8월 19일 약 380억 달러 (약 50조 원) 규모로 이루어진 최초 제안에 대해서는 9월 6일 세븐앤아이 이사회가 거절했지만, 쿠슈타르는 10월 9일 다시 470억 달러로 금액을 올려 두 번째 제안을 했다. 이에 대해 세븐앤아이는 회사를 수익성이 좋은 부문과 그렇지 않은 부문 두 개로 나누는 방안을 고려했지만 쿠슈타르는 반대 의사를 밝혔고, 급기야 11월 13일에는 세븐앤아이가 창업자인 이토 가족으로부터 약 580억 달러의 MBO (Management Buyout, 경영자 인수) 제안을 받았다는 보도가 나왔다.

    일본 M&A 역사의 한 획을 그을 이번 인수전 중 9월 6일 세븐앤아이 이사회가 쿠슈타르의 인수 제안을 거절하며 공개하여 화제가 되었던 회신을 그대로 옮겨 본다[158].

September 6, 2024

To whom it may concern:

Company Name: Seven & i Holdings Co., Ltd.
Representative: Ryuichi Isaka
President & Representative Director
(Code No. 3382/Prime Market of the Tokyo Stock Exchange)

Seven and i Holdings' Board Responds to Non-Binding Proposal from Alimentation Couche-Tard Inc. ("ACT")

Open to sincerely consider any proposal that is in the best interests of our shareholders and other stakeholders

Concludes proposal "grossly" undervalues Company's intrinsic value and opportunities to unlock that value

We believe that the proposal does not adequately acknowledge the multiple and significant challenges such a transaction would face from U.S. competition law enforcement agencies in the current regulatory environment

Regarding the matter announced in the "Seven & i Holdings Comments on News Reports Regarding Acquisition Proposal" dated August 19, 2024, where we received a confidential, non-binding acquisition proposal from ACT, the Board of Directors of Seven & i Holdings Co., Ltd. has today sent the following letter to ACT responding to the proposal.

8-8 NIBANCHO, CHIYODA-KU, TOKYO, 102-8452 JAPAN

Dear Alain:

I am writing on behalf of the board of directors of Seven & i Holdings Co., Ltd ("7&i") to follow up on our phone conversation earlier today and to officially respond to your confidential, non-binding and preliminary proposal to acquire all outstanding shares of 7&i for US$14.86 per share in cash.

As I shared with you in my message of August 15 acknowledging your proposal, the 7&i Board promptly formed a Special Committee comprised solely of independent outside directors to review your proposal. I have served as chair of the Special Committee. The Special Committee, assisted by our financial and legal advisors, conducted a careful and comprehensive review of your proposal over the course of multiple meetings.

I want to emphasize that the 7&i Board is single-mindedly focused on delivering value for 7&i shareholders and other stakeholders. We are open to sincerely consider any proposal that is in the best interests of 7&i shareholders and other stakeholders; however, we will resist any proposal that deprives our shareholders of the company's intrinsic value or that fails to specifically address very real regulatory concerns.

After a thorough review and discussion of your proposal, the 7&i Board has unanimously concluded, based on the unanimous recommendation of the Special Committee, that the proposal is not in the best interest of 7&i shareholders and other stakeholders. We are open to engaging in sincere discussions should you put forth a proposal that fully recognizes our standalone intrinsic value and addresses our concerns regarding certainty of closing in the current regulatory environment. However, we do not believe, for several critical reasons, that the proposal you have put forward provides a basis for us to engage in substantive discussions regarding a potential transaction.

First, the Special Committee believes that your proposal is opportunistically timed and grossly undervalues our standalone path and the additional actionable avenues we see to realize and unlock shareholder value in the near- to medium-term. The 7&i business is a unique asset and strategically positioned within the global convenience store sector. The Board is confident that it can realize and unlock shareholder value through a number of strategic actions, including but not limited to our U.S. business, that we are actively pursuing.

Second, the 7&i Board believes that even if you were able to improve the value element of your proposal very significantly, your proposal does not adequately acknowledge the multiple and significant challenges such a transaction would face from U.S. competition law enforcement agencies in the current regulatory environment and provides no certainty to closing. Beyond your simple assertion that you do not believe that a combination would unfairly impact the competitive landscape and that you would "consider" potential divestitures, you have provided no indication at all of your views as to the level of divestitures that would be required or how they would be effected. Your proposal also does not indicate, for example, the timeline you believe would be required to clear regulatory hurdles, or whether you would be prepared to take *all* necessary action to obtain regulatory clearance, including by litigating with the government.

Third, while you acknowledge the crucial role that 7&i plays in everyday life in Japan across food retail, banking and other services, this is clearly an area that would require further discussion should we reach that point.

As we discussed, although we would have preferred to keep both your proposal and our response private and confidential, given that the fact of your proposal is already in the public domain, in the interest of transparency with our shareholders and other stakeholders, we are making this letter public.

Thank you for your interest in 7&i. As I mentioned when we talked, I'm available to answer questions you may have.

Sincerely,

/s/ Stephen Dacus

Stephen Dacus
Chair, Special Committee
Chairman of the Board

[한글 번역]

2024년 9월 6일

관계자 분들께:

회사명: Seven & i Holdings Co., Ltd.

대표자: 이사카 류이치

대표이사 사장

(종목코드 3382/도쿄증권거래소 프라임 마켓)

Seven and i Holdings 이사회, Alimentation Couche-Tard Inc. ("ACT")의 구속력 없는 제안에 대한 답변

주주 및 기타 이해관계자들의 최선의 이익을 위한 모든 제안을 진심으로 고려할 준비가 되어 있음

회사의 본질적 가치와 그 가치를 실현할 기회를 "심각하게" 저평가한 제안이라고 결론 내림

현재의 규제 환경에서 이러한 거래가 미국 경쟁법 집행 기관으로부터 직면할 수 있는 복합적이고 중대한 과제들을 제안이 충분히 고려하지 않는다고 판단함

2024년 8월 19일 발표된 "인수 제안에 관한 뉴스 보도에 대한 Seven & i Holdings의 의견"과 관련하여, ACT로부터 받은 기밀의 구속력 없는 인수 제안에 대해, Seven & i Holdings Co., Ltd.의 이사회는 오늘 다음과 같은 서신을 ACT에 발송하였습니다.

친애하는 알랭께:

Seven & i Holdings Co., Ltd.(이하 "7&i") 이사회를 대표하여, 오늘 있었던 우리의 전화 대화에 대한 후속 조치로서, 그리고 주당 현금 US$14.86에 7&i의 발행주식 전부를 인수하고자 하는 귀하의 기밀의, 구속력 없는 예비 제안에 대해 공식적으로 답변 드립니다.

8월 15일 귀하의 제안을 인정하는 제 메시지에서 말씀드린 바와 같이, 7&i 이사회는 즉시 독립적인 사외이사들로만 구성된 특별위원회를 구성하여 귀하의 제안을 검토하였습니다. 저는 특별위원회의 위원장을 맡았습니다. 특별위원회는 재무 및 법률 자문사의 도움을 받아 수차례 회의를 거쳐 귀하의 제안에 대해 신중하고 포괄적인 검토를 실시했습니다.

7&i 이사회는 7&i 주주들과 기타 이해관계자들을 위한 가치 창출에 전념하고 있음을 강조하고 싶습니다. 우리는 7&i 주주들과 기타 이해관계자들의 최선의 이익을 위한 모든 제안을 진심으로 고려할 준비가 되어 있습니다. 그러나 우리는 회사의 본질적 가치를 주주들로부터 박탈하거나 실제적인 규제 관련 우려사항들을 구체적으로 다루지 않는 어떠한 제안도 거부할 것입니다.

귀하의 제안에 대한 철저한 검토와 논의 후, 7&i 이사회는 특별위원회의 만장일치 권고를 바탕으로, 이 제안이 7&i 주주들과 기타 이해관계자들의 최선의 이익이 아니라고 만장일치로 결론 내렸습니다. 우리의 독자적인 본질적 가치를 충분히 인정하고 현재의 규제 환경에서 거래 종결의 확실성에 대한 우리의 우려를 해소하는 제안을 제시하신다면, 진정성 있는 논의에 참여할 준비가 되어 있습니다. 그러나 귀하가 제시한 제안은 잠재적 거래에 관한 실질적인 논의를 시작할 근거를 제공하지 않는다고 판단하며, 그 중요한 이유는 다음과 같습니다.

첫째, 특별위원회는 귀하의 제안이 기회주의적으로 시기가 선택되었으며, 우리의 독자적인 성장 경로와 단기에서 중기에 걸쳐 주주 가치를 실현하고 창출할 수 있는 추가적이고 실행 가능한 방안들을 심각하게 저평가하고 있다고 판단합니다. 7&i 사업은 독특한 자산이며 글로벌 편의점 부문에서 전략적으로 위치해 있습니다. 이사회는 우리가 적극적으로 추진하고 있는 미국 사업을 포함한 여러 전략적 조치들을 통해 주주 가치를 실현하고 창출할 수 있다고 확신합니다.

둘째, 7&i 이사회는 귀하가 제안의 가치 요소를 매우 크게 개선할 수 있다 하더라도, 귀하의 제안은 현재의 규제 환경에서 이러한 거래가 미국 경쟁법 집행 기관으로부터 직면할 수 있는 복합적이고 중대한 과제들을 충분히 고려하지 않으며, 거래 종결에 대한 확실성을 제공하지 않는다고 판단합니다. 결합이 경쟁 환경에 불공정하게 영향을 미치지 않을 것이라는 귀하의 단순한 주장과 잠재적 자산매각을 "고려할" 것이라는 언급을 넘어서, 필요한 자산매각의 수준이나 그 실행 방법에 대한 귀하의 견해를 전혀 제시하지 않았습니다. 또한 귀하의 제안은 규제 장애물을 해소하는 데 필요할 것으로 예상되는 일정이나, 정부와의 소송을 포함하여 규제 승인을 얻기 위해 필요한 모든 조치를 취할 준비가 되어 있는지 여부를 명시하지 않았습니다.

셋째, 귀하가 식품 소매, 은행 및 기타 서비스에 걸쳐 일본의 일상생활에서 7&i가 수행하는 중요한 역할을 인정하고 있지만, 이는 우리가 그 단계에 도달할 경우 추가 논의가 필요한 영역임이 분명합니다.

우리가 논의했듯이, 귀하의 제안과 우리의 답변 모두를 비공개로 유지하는 것을 선호했지만, 귀하의 제안 사실이 이미 공개되어 있는 만큼, 우리 주주들과 기타 이해관계자들에 대한 투명성을 위해 이 서신을 공개하기로 결정했습니다.

7&i에 관심을 가져주셔서 감사합니다. 우리가 이야기했듯이, 귀하가 가지고 계신 질문에 답변드릴 수 있습니다.

Stephen Dacus
특별위원회 위원장
이사회 의장

주

1 유튜버 '슈카월드' 만난 尹 "코리아 디스카운트 근본 해결…과도한 세제 개혁해야" / 서울경제, 2024. 1. 17.
2 [현장] 네 번째 '국민과 함께하는 민생토론회'/300만 경제유튜버 슈카의 '코리아 디스카운트' 지적에 윤석열 대통령 답변은? / KBS, 2024. 1. 17.
3 [현장영상] '코리아 디스카운트' 물었더니…尹 "상속세 과세 손보겠다" / 채널A, 2024. 1. 18. (https://youtu.be/-YeI1pq21ms?si=ZXV3M6fGyr0SFPSP/)
4 https://youtu.be/_M02rPcwBKQ?si=xOnA_w8db43lFFuA
5 윤 대통령 '소액주주 이익' 공언 보름 만에 말 바꾼 정부 / 연합뉴스, 2024. 1. 17.
6 니혼게이자이신문(닛케이) 금융 전문 선임기자 겸 논설위원
7 일본 PBR 개혁 3가지 성공 요인은…"체면·후발주자·도쿄거래소" / 연합뉴스, 2024. 2. 19.
8 일본 밸류업 성공 배경은…"체면·후발주자·도쿄거래소" / 아시아경제, 2024. 2. 20.
9 日 증시, '잃어버린 30년' 넘었다…종가 기준 사상 최고치 경신 / 조선일보, 2024. 2. 22.
10 '자율성'에 기댄 밸류업 대책…"지배주주 움직이기 어려울 것" / 연합뉴스, 2024. 2. 26.
11 英 헤지펀드 "韓 지배구조 개혁 없인 일본식 밸류업 효과 없어" / 연합뉴스, 2024. 2.23.
12 외국인 1월 국내 주식 3.3조원 순매수…3개월 연속 순매수 / 경향신문, 2024. 2. 15.
13 2024년 2월 외국인 증권투자 동향 / KDI, 2024. 3. 13.
14 2024년 3월 외국인 증권투자 동향 / KDI, 2024. 4. 09
15 국민연금, 한미사이언스 등 주주총회에 대한 의결권 행사 방향 결정 / 보건복지부, 2024. 3. 26.
16 한미 형제 승리 이끈 소액주주 말 들어보니 "주주가치 훼손 절대 안돼" / 머니투데이, 2024. 3. 29.
17 OCI-한미통합불발…임家네 사촌들이 판 뒤집었다[시장의 마켓워치] / 동아일보, 2024. 3. 29.
18 밸류업 가이드라인 초안 앞두고 힘 싣는 정부:시장 분위기 바꿀까 / 머니투데이, 2024. 4. 27.
19 금투세 도입하면 증시 폭망? 野 진성준 "근거없는 공포 과장" / 머니투데이, 2024. 5. 10.
20 금투세·밸류업 실망감에…개미들 국내 증시 등 돌린다 / Digital today, 2024. 5. 24.
21 장외거래에 대해서는 양도차익이 250만 원을 초과하게 되면 초과분에 대해 지방세 포함 22%를 세금으로 내야 한다.
22 한화에너지, 한화 공개매수 중..투자자들 '저평가·세금'에 주춤 / 이투데이, 2024. 7. 9.
23 한화에너지, 한화 공개매수 중..투자자들 '저평가·세금'에 주춤 / 이투데이, 2024. 7. 9.
24 [포럼 논평] 한화에너지의 한화 지분 공개매수 공정성 결여되었다 / 한국기업거버넌스포럼, 2024. 7. 11.
25 정확히는, 이사회 결의 전 한 달 동안, 일주일 동안의 각 거래량 가중평균주가 및 직전일 종가의 산술평균으로 구한 합병가액에 발행주식총수를 곱한다 (자본시장법 시행령 제176조의6 제2항 및 제176조의5 제1항 제1호).
26 정확히는 두산로보틱스 약 5.2조 원, 두산밥캣 약 5.1조 원
27 탁구공 직경 4cm, 농구공 직경 24cm 기준으로 부피는 약 216배
28 "두산 분할합병에 소수주주 피해…당국, 엄격히 심사해야" / 연합뉴스, 2024. 7. 22.
29 두산 지배구조 개편에… 외국인도 주식 팔고 떠났다 / 국민일보, 2024. 7. 23.
30 [기업 이모저모] 두산밥캣 대표 이사도 모르는 '합병 시너지' / 연합인포맥스, 2024. 7. 23.
31 [기업 이모저모] 두산밥캣 대표 이사도 모르는 '합병 시너지' / 연합인포맥스, 2024. 7. 23.

32 [기업탐험]⑩두산, 이복현에 막히나…이복현 "신고서 무한 정정 요구하겠다" / 인포스탁데일리, 2024. 8. 16.
33 한발 물러난 두산그룹…'주식 교환 합병' 철회 의미는 / 연합인포맥스, 2024. 9. 4.
34 두산, 사업 개편 재추진…'로보틱스·에너빌리티' 합병 비율 조정(종합) / 연합인포맥스, 2024. 10.21.
35 금감원 "가치평가는 자율"…두산로보틱스·밥캣 합병 탄력 / 한국경제, 2024. 10.31
36 SK㈜, 이번주 이사회…'SK온 살리기' 이노-E&S 합병안 검토(종합) / 뉴스1, 2024. 7. 15.
37 'SK 사업 재편 가늠자' SK이노-E&S 합병, 17일 이사회서 판가름 / 뉴스핌, 2024. 7. 15.
38 SK이노베이션, 불리한 합병비율 택해 일반주주 피해 '논란' / 연합인포맥스, 2024. 7. 17.
39 [기로에 선 SK 합병①] 자문사 권고 엇갈려…국민연금은 반대 / 연합인포맥스, 2024. 8. 26.
40 '한 지붕 두 회사' SK이노·E&S…"인프라 공유 유리" / 뉴시스, 2024. 7. 19.
41 구조개편 '옛 교과서' 꺼내든 두산그룹, 시대착오적 답안지에 역풍 / Invest chosun, 2024. 7. 30.
42 셀트리온, 임시주총서 '코스피 이전' 결의..내년 초 상장 / BioSpectator, 2017. 9. 29.
43 통합 셀트리온 출범…공매도 '핑계' 대신 가치증대 '성과' 보여야 / Invest chosun, 2023. 12. 28.
44 셀트리온, 셀트리온제약과 합병 추진 타당성 검토 절차 본격 돌입 / Biotimes, 2024. 7. 31.
45 주주 91%가 '부정적'···셀트리온·셀트리온제약 합병 무산 / 경향신문, 2024. 8. 16.
46 합병 여부 설문조사 하는 셀트리온…책임은 주주에게 전가? / Invest chosun, 2024. 8. 9.
47 합병 여부 설문조사 하는 셀트리온…책임은 주주에게 전가? / Invest chosun, 2024. 8. 9.
48 한국앤컴퍼니 공개매수 실패…'1등 도그마' 드러낸 MBK파트너스 / Invest chosun, 2023. 12. 27.
49 [경영권분쟁 드림팀]② 고려아연에 서린상사 안겨준 김앤장 / Bloter, 2024. 9. 6.
50 김두겸 울산시장 "고려아연 약탈적 인수합병 좌시하지 않겠다" / 한국경제, 2024. 9. 16.
51 고려아연 "영풍이 폐기물 처리 떠넘겨 관계가 틀어져"···돌이킬 수 없는 강 건넌 '75년 동업' / 경향신문, 2024. 9. 24.
52 '백기사' 확보 나선 고려아연 최윤범…히든카드는 바로 이것? / SBS Biz, 2024. 9. 23. (https://biz.sbs.co.kr/article/20000192929)
53 승부수 던진 MBK…고려아연 공개매수가 66만→75만원으로 / 연합인포맥스, 2024. 9. 26.
54 고려아연 최윤범 승부수 던졌다 "3.1조 준비"..영풍엔 화해 제스처도 / 데일리안, 2024. 10. 2.
55 영풍·MBK, 고려아연 공개매수 가격 83만원으로 인상 / 매일경제, 2024. 10. 4.
56 최윤범, 이번주 고려아연·영풍정밀 매수가 또 올린다 [시그널] / 서울경제, 2024. 10. 6.
57 고려아연 '쩐의 전쟁' 격화에, 금감원 조사 착수 / 동아일보, 2024. 10. 9.
58 금감원, 고려아연 공개매수 과열에 소비자경보 '주의' 발령 / 농민신문, 2024. 10. 8.
59 MBK "고려아연 공개매수가 더 안 올린다" / 한겨레, 2024. 10. 9.
60 고려아연, 자사주 공개매수가 89만원으로 인상..물량도 늘려 / 뉴스핌, 2024. 10. 11.
61 가처분 사건에서의 공개 변론의 의미
62 '경영권 분쟁' 영풍·고려아연 2차 공방…"배임"vs"적대적 M&A 방어" / 마이데일리, 2024. 10.18.
63 서울중앙지방법원 2024카합21491 결정 설명자료 참조
64 고려아연 자사주 9.85% 매수·'우군' 베인캐피털 1.41% 확보 / SBS 뉴스, 2024. 10. 28.
65 이사회에는 대표이사 없이 이사회 의장만 두며, 등기이사가 아닌 CEO, CFO, CTO 등이 회사의 실제 업무를 처리하고 이사회는 감독 역할만 하는 것
66 고려아연 '폭탄 유증'…KCC 현대엘시 분쟁 '데자뷔' / 마켓인사이트, 2024. 10. 30.
67 고려아연 주가 낮아야 유증 유리한 최윤범…주주와 이해충돌 / 연합인포맥스, 2024. 11. 4.

"말이 다르잖아요"…명분 상실한 고려아연 최윤범 / 한국경제, 2024. 10. 30.

시장 뒤흔든 고려아연 '증자 폭탄'…묘수인가 자충수인가 / 한경, 2024. 10. 30.

68 금감원 "고려아연 유증, 부정거래 소지…미래에셋증권도 조사" [종합] / 한경, 2024. 10. 31.
69 금감원, 고려아연 유상증자에 제동…"정정 신고하라"(종합) / 연합뉴스, 2024. 11. 6.
70 "경솔했다" 고개 숙인 고려아연…2.5조 유증 철회 수순(종합) / 뉴스1, 2024. 11. 12.
71 고려아연, 2.5조 유상증자 철회…주총서 승자 가린다(종합) / 연합인포맥스, 2024. 11. 13.
72 고려아연 임시주총 이르면 연말께 열릴듯…법원, 27일 심문기일(종합) / 연합뉴스, 2024. 11. 8.
73 Unocal v. Mesa Petroleum Co., 493 A.2d 946 (Del. 1985)
74 델라웨어주 형평법원인 Court of Chancery로서 일반 민형사 사건이 아닌 회사법, 신탁 등 형평법 관련 사건을 전담한다. 배심원 없이 법관이 단독으로 심리하며, 금전배상이 아닌 형평법상 구제수단 (injunction, specific performance 등)을 결정한다.
75 델라웨어주 형평법원 사건에 대해서는 대법원(Supreme Court)에 바로 항소하며 중간 항소법원은 없다. 5명의 대법관으로 구성된 대법원이 2심으로 최종 결정을 한다.
76 고려아연 공개매수 중지 가처분 기각…법적 리스크 해소 / 연합인포맥스, 2024. 10. 21.
77 캐나다 업체, 日세븐일레븐 인수 54조→63조원 다시 제안(종합) / 연합뉴스, 2024. 10. 9.
78 매각 제안 받은 세븐일레븐, 日정부에 SOS / 한경, 2024. 8. 28.
79 "51조원에 우릴 사?"…일본 세븐일레븐, 캐나다 기업 '퇴짜' / 머니투데이, 2024. 9. 6.
80 이번엔 유상증자…고려아연 '경영권 방어'에 짓밟힌 주주가치 / 경향신문, 2024. 10. 30.
81 삼성전자 3분기 어닝쇼크…경영진 "기대 못미쳐 송구" 초유의 사과 / 조선일보, 2024. 10. 8.
82 20년 반도체맨이 말하는 삼성전자 위기론 [딥다이브] / 동아일보, 2024. 10. 23.
83 "여동생은 등기임원인데 오빠는 아직이네"…삼성 위기론에 '책임경영' 목소리 커져 / 매일경제, 2024. 10. 16.
84 전방위 위기 속 이건희 4주기…이재용 '침묵' / 전방위 위기 속 이건희 4주기…이재용 '침묵' / SBS 뉴스, 2024. 10. 25. (https://news.sbs.co.kr/news/endPage.do?news_id=N1007848366)
85 엄중한 취임 2주년 보낸 JY…삼성 연말 인사 폭 커질까 / 이데일리, 2024. 11. 13.
86 [전문] 이재용 삼성전자 부회장 '대국민 사과문' / 한겨레, 2020. 5. 6.
87 지배구조 개편의 다리를 끊어버린 삼성물산 / Economy Chosun, 2023. 3. 6.
88 지배구조 연말 윤곽, 4세 승계 안한다…BCG 용역결과 주목 / 매일경제, 2022. 10. 27.
89 팰리서 캐피탈, 삼성물산의 가치 실현 및 성장 촉진을 위한 제안 발표 / 뉴스와이어, 2023. 12. 7.
90 [여의도포럼] 삼성전자와 TSMC의 다른 길 / 국민일보, 2024. 10. 31.
91 '4년 혼돈' 끝 좌초한 금투세…자본과세론 압도한 증시부양론(종합) / 연합뉴스, 2024. 11. 4.
92 與 "野 금투세 폐지 입장 환영…11월 본회의서 처리하겠다" / 연합뉴스, 2024. 11. 4.
93 李, '금투세 폐지' 대권행보 강화… 당내 반발엔 "상법개정 처리" / 동아일보, 2024. 11. 4.
94 "금투세 폐지"…국내증시 날개 달까 / 뉴시스, 2024. 11. 5.
95 與 총선 참패에 멀어진 '금투세 폐지'…'뿔난' 개미들 / 시사저널, 2024. 4. 18.
96 어느새 청원 6만명 돌파…與 '금투세 폐지' 당론 발의 [국회 방청석] / 매일경제, 2024. 6. 15.
97 "망국 법"이라며 5만명이 금투세 폐지 청원…꿈쩍 않는 민주당 / 매일경제, 2024. 6. 11.
98 '대권' 보는 이재명, 금투세 유예로 선회 / Chosun Biz, 2024. 7. 19.
99 野 입장 선회에 금투세 유예 급물살타나…세입기반 약화는 고민 / 뉴시스, 2024. 7. 12.
100 주가 하락에 투자하라니… 野 금투세 토론 '인버스' 논란 / Chosun Biz, 2024. 9. 24.

101 네이버 검색어 트렌드 결과 (https://datalab.naver.com/keyword/trendResult.naver?hashKey=N_050fa86271736cd10ab67 5153b229364)
102 대만, 정말 금투세 도입해서 증시 박살났던 걸까 / Chosun Biz, 2024. 5. 9.
103 '금투세 폐지' 주장 정부, 4년 전엔 "금융시장 장기영향 없음" 보고받았다 / 경향신문, 2024. 8. 6.
104 해외주식 투자 리딩 사기 '주의' 경보 발령 / 데이터숍, 2024. 6. 18
105 "삼전 팔고 테슬라 샀다"…동학개미, 서학으로 엑소더스[주식 이민]① / 뉴스1, 2024. 7. 12.
106 "국민연금 위탁운용사 27개 중 16개 '금투세 도입'에 부정적" / 연합뉴스, 2024. 11. 5.
107 주식형 펀드 투자자들이 수익률이 떨어질 것을 우려해 일시에 펀드 환매를 요청하는 현상
108 SK 소버린 경영권 분쟁 / 연합뉴스, 2005. 8. 23.
109 엘리엇, 삼성물산 보유지분 배당하라 압박..삼성전자 제일기획 어쩌나 / Mtn 뉴스, 2015. 6. 5.
110 [현대차 떠난 엘리엇] 짧고 굵었던 20개월 / 딜사이트, 2020. 1. 24.
111 대법 "삼성물산, 합병 반대 주주들 주식 당 6만6602원에 되사야" / 경향신문, 2022. 4. 14.
112 정부, 삼성물산 주주 엘리엇에 690억 배상 판정…1조 청구액 중 7%만 인정 / 강원일보, 2023. 6. 20.
113 독점규제 및 공정거래에 관한 법률 [법률 제5813호, 1999. 2. 5, 일부개정] 제8조
114 "지주회사 설립 과세이연 양도소득 13조…못 받을 수도" / 연합인포맥스, 2024. 10. 15.
115 '인적분할+주식교환' 첫 실험 LG그룹, 지주회사 전환 교과서가 되다 / DBR 153호
116 공정거래위원회 2024. 6. 26.자 보도자료 (https://www.korea.kr/briefing/pressReleaseView.do?newsId=156637863&p Wise=mSub&pWiseSub=C6#pressRelease)에 따르면 2023년 말 기준 지주회사 수는 174개이다.
117 네이버 증권정보 기준
118 한국주식시장의 지주회사 디스카운트 / 한국증권학회지, 2019, vol.48, no.6, pp. 755-788
119 국세청 홈페이지, 상속재산의 평가(https://www.nts.go.kr/nts/cm/cntnts/cntntsView.do?mi=2330&cntntsId=7723)
120 우리나라 지주회사가 상장되어 있으면서도 지배주주 지분율이 높은 이유는, 대부분 원래 상장되어 있던 회사를 인적분할 후 주식교환 방식으로 지주회사로 전환했기 때문이다. 즉, 하나의 회사를 지주회사가 될 A와 사업회사가 될 B로 인적분할한 후, 지배주주의 지분은 A로 모으고 일반주주들은 주로 B로 모으는 주식교환 방식으로 전환되다보니 지주회사에 대한 지배주주 지분율이 높아진 것이다. 물론 지주회사에 대한 자회사 지분율도 소위 '자사주의 마법'에 의해 높아졌는데, 다양한 자료에서 내용을 쉽게 찾아볼 수 있기 때문에 이 책에서 자세히 설명하지는 않는다.
121 당시 자회사인 대한항공의 시가총액은 5조9841억원이었던 반면 모회사인 한진칼은 1조6154억원에 불과하고, 조양호 당시 한진그룹 회장과 특수관계인의 보유지분율이 30%도 안되는 상황(28.94%)이었다. (자회사 상폐하는 일본기업 급증…국내 대기업과 반대 행보, 왜? / 한경글로벌마켓, 2020. 10. 7.).
122 [매경포럼] '형제의 난'에서 드러난 지주사 디스카운트 / 매일경제, 2024. 12. 11.
123 '시가 5분의 1 가격에 유상증자… 자회사 중복상장도 잇따라' / 서울경제 2024. 11. 26.
124 해외에선 자회사와 모회사 동시상장 사례 거의 없어 / 내일신문, 2022. 1. 6.
125 강제조사 권한 가진 美 SEC…증권범죄 강력 대응 / 이데일리, 2023. 12. 11.
126 매출 고작 3억원?…파두 해명 내놨다 / 한경, 2023. 11. 13.
127 투자자 보호 안중에 없는 파두의 '뻥튀기 상장' / 한겨레, 2023. 11. 25.
128 '파두 사태' 방지…금감원 "IPO 심사 시 직전 잠정실적까지 공개" / KBS뉴스, 2024. 1. 22.
129 '파두 사태' 법정으로…주주들, IPO 집단소송 제기 / 연합뉴스, 2024. 3. 14.
130 금감원, 파두 '공모가 부풀리기' 관련 NH투자증권 압수수색 / 시사저널, 2024. 3. 19.
131 금감원, '뻥튀기 상장' 파두 사태 관련 SK하이닉스 압수수색 / Fortune Korea, 2024. 5. 2.

132 이번엔 '기업 합병 허가' 논란…이복현 금감원장의 잇단 월권 [사설] / 한경, 2024. 8. 19.
133 [단독] 두산밥캣·로보틱스 흡수합병 철회…금감원 정정 요구에 원안 수정 / 매일경제, 2024. 8. 29.
134 시장 예상 벗어난 두산밥캣 가치평가…공은 다시 금감원으로 / 연합뉴스, 2024. 10. 22.
135 '유상증자 카드'에 칼빼든 금감원…고려아연 경영권 분쟁 향방은 / 연합뉴스, 2024. 10. 31.
136 앞뒤 안맞는 고려아연…'상장폐지 가능성'도 신고서 허위기재 의혹 / 연합뉴스, 2024. 11. 3.
137 고려아연, 2.5조원 규모 유상증자 계획 2주 만에 철회 / 조선일보, 2024. 11. 13.
138 금감원, 고려아연 유상증자 신고 다시 하라 / 조선일보, 2024. 11. 6.
139 '상장 폐지 트윗' 머스크, 테슬라 이사회 의장 사임 / 한경, 2018. 9. 30.
140 머스크, '테슬라 상폐' 트위터 글에 550억 벌금폭탄 / ZDNET Korea, 2023. 9. 3.
141 International Paper Company, Form 8-K, 2024. 4. 16. (https://content.edgar-online.com/ExternalLink/EDGAR/0001193125-24-097349.html?hash=457982d25604316b62e2273d5431779ff4862b1d09c5692f9d2bb30cfb06d2cb&dest=d827360d8k_htm#d827360d8k_htm, 17~19면 번역)
142 Airbnb Inc., Form S-1, 2020. 11. 16. (https://www.sec.gov/Archives/edgar/data/1559720/000119312520294801/d81668ds1.htm)
143 [보도자료] 기업 공시역량 제고를 위한 투자위험요소 기재요령 개정 및 2023년도 주요 정정요구 사례 공개 / 금융감독원, 2024. 1. 22.
144 대법원 2015. 12. 23. 선고 2013다88447 판결
145 [판결] 유상증자 한 달만에 법정관리 신청해 주가 폭락… / 법률신문, 2016. 1. 7.
146 민주 "상법 개정안 연내 통과"…'금투세 폐지' 사실상 연계(종합) / 연합뉴스, 2024. 11. 6.
147 상법 제382조의3
148 "상법서 주주이익 보호 '노력 의무' 신설…법적 구속력 없어" / 연합인포맥스, 2024. 10. 17.
149 "상법서 주주이익 보호 '노력 의무' 신설…법적 구속력 없어" / 연합인포맥스, 2024. 10. 17.
150 최근 미국 델라웨어주 판례법상 MFW 심사기준과 경영판단의 원칙 / 상사법연구, 2020, vol.39, no.3, 통권 108호 pp. 185-218
151 민주, 증시 활성화TF 출범…"기업지배구조 개혁 법안 추진" / 연합인포맥스, 2024. 11. 6.
152 파두 '뻥튀기' 논란…특례상장 몸값 1.5조, 분기매출 6천만원 / 한겨레, 2023. 11. 15.
153 한국 글로벌 투자포럼 2024 홈페이지 (https://www.iinow.com/Asia-Institute/Korea-Global-Investment-Forum)
154 KRX 정보데이터시스템 (http://data.krx.co.kr/contents/MDC/MDI/mdiLoader/index.cmd?menuId=MDC0201010107)
155 밸류 부담에 해외로 눈 돌린 토스, 美 상장 가능할까 / 딜사이트, 2024. 11. 4.
156 '제2의 쿠팡' 꿈꾸던 마켓컬리…美 상장 포기하는 네 가지 이유 / Chosun Biz, 2021. 7. 12.
157 "쿠팡, 공모가 최상단 넘은 35달러로 확정… 기업가치 68조원" / Chosun Biz, 2021. 3. 11.
158 세븐앤아이홀딩스 홈페이지 (https://www.7andi.com/en/company/news/2024.html)

거버넌스 트렌드 2025

2025년 1월 2일 초판 1쇄 발행

지은이 천준범
펴낸곳 도서출판 이스터에그
펴낸이 정소영
디자인 디앤에이디자인

출판등록 제2024-000027호
홈페이지 www.easteregg.co.kr
전자우편 publish.eec@gmail.com

ISBN 979-11-986725-2-0 03320

값 17,000원

저작권법에 의해 보호를 받는 저작물이므로 무단 전재와 복제를 금합니다.